本刊由天津师范大学国家治理研究院主办、北京大学国家治理研究院支持。

做有思想的学术

POLITICAL SCIENCE REVIEW

政治学评论

2022年第二辑

主编 佟德志

中国社会科学出版社

图书在版编目（CIP）数据

政治学评论. 2022 年. 第 2 辑 / 佟德志主编. —北京：中国社会科学出版社，2022.12

ISBN 978 – 7 – 5227 – 1062 – 4

Ⅰ. ①政… Ⅱ. ①佟… Ⅲ. ①政治学—文集 Ⅳ. ①D0 – 53

中国版本图书馆 CIP 数据核字（2022）第 224583 号

出 版 人	赵剑英
责任编辑	王　琪
责任校对	王　龙
责任印制	王　超

出　　版	中国社会科学出版社
社　　址	北京鼓楼西大街甲 158 号
邮　　编	100720
网　　址	http://www.csspw.cn
发 行 部	010 – 84083685
门 市 部	010 – 84029450
经　　销	新华书店及其他书店

印　　刷	北京君升印刷有限公司
装　　订	廊坊市广阳区广增装订厂
版　　次	2022 年 12 月第 1 版
印　　次	2022 年 12 月第 1 次印刷

开　　本	787×1092　1/16
印　　张	13
插　　页	2
字　　数	206 千字
定　　价	69.00 元

凡购买中国社会科学出版社图书，如有质量问题请与本社营销中心联系调换
电话：010 – 84083683
版权所有　侵权必究

《政治学评论》编辑委员会

主　任　高　建

委　员（按首字母拼音先后排列）：

　　　　常保国　常士䦆　陈　岳　陈志敏　程竹汝　崔桂田　方　雷
　　　　方盛举　房　宁　高景柱　高文胜　关海庭　郭树勇　韩冬雪
　　　　韩召颖　胡元梓　姜晓萍　金太军　孔繁斌　朗友兴　李洪河
　　　　刘鸿武　刘起军　刘训练　马德普　门洪华　桑玉成　时和兴
　　　　谭君久　唐士其　佟德志　王炳权　王　力　王浦劬　王宗礼
　　　　魏继昆　吴志成　肖　滨　解亚红　徐　勇　燕继荣　杨光斌
　　　　杨海蛟　杨　弘　杨　龙　杨雪冬　杨　阳　余　丽　郁建兴
　　　　张凤阳　张桂林　张明军　张树华　张贤明　张小劲　张振江
　　　　周光辉　周　平　朱光磊

主　编　佟德志

编　辑　漆程成　王毅刚　张安冬　樊　浩　张朝霞　王　旭　林锦涛

目　录

■ 基础研究

利益政治分析的模型建构 …………………………… 王浦劬（ 3 ）
在"殿堂"与"田野"之间
　　——构建中国特色的田野政治学 …………… 徐　勇　漆程成（ 26 ）
历史政治学与中国自主的政治学知识体系建构 …… 杨光斌　张　舒（ 71 ）
区域国别学的理论与方法 ……………………………… 赵可金（101）
政治文化学的理论与方法 ……………………………… 佟德志（144）

■ 大家专访

扎根田野，耕耘一流政治学研究
　　——专访著名政治学学者徐勇教授 ……………………………（185）

■ Abstracts ………………………………………………………（197）

Contents

Basic Research

Model Construction of Interest Political Analysis .... Wang Puqu (3)

Between the Palace and the Field: Constructing Field
    Politics with Chinese Characteristics .... Xu Yong; Qi Chengcheng (26)

Historical Political Science and the Construction of Chinese Independent
    Political Knowledge System .... Yang Guangbin; Zhang Shu (71)

Theories and Methodologies of International and Area
    Studies .... Zhao Kejin (101)

Theory and Method of Political Culturology .... Tong Dezhi (144)

Expert Interview

Take Root in the Field and Cultivate First-class Political Science
    Research: Interview with Professor Xu Yong, a Famous Political
    Scholar .... (185)

Abstracts .... (197)

基础研究

利益政治分析的模型建构

王浦劬[*]

---

[*] 王浦劬,现任北京大学博雅特聘教授、政府管理学院博士生导师,北京大学国家治理研究院院长(教育部人文社会科学重点研究基地主任)。兼任国务院学位委员会政治学学科评议组召集人,教育部高等学校政治学类专业教学指导委员会主任委员。获评"国务院特殊津贴专家"、国家万人计划"哲学社会科学第一批领军人才"、教育部"长江学者"特聘教授等,并获得"复旦管理学杰出贡献奖""全国教材建设先进个人奖"等奖项。主要研究领域为政治学理论与方法、当代中国政治与治理。主持多项国家社会科学基金重大项目、教育部人文社会科学重点研究基地重大项目。撰写或编著出版学术著作和教材等16部,要者如《政治学基础》《政治学概论》《政府向社会组织购买公共服务研究:中国与全球经验分析》等。主译出版《政治生活的系统分析》《政治结构分析》《牛津政治行为研究手册》等10余部学术著作。在《中国社会科学》《北京大学学报(哲学社会科学版)》《政治学研究》《中国行政管理》、Research Policy、Asian Politics and Policy 等中外期刊发表学术论文百余篇。

◎ 内容摘要

摘要：政治是人类生活的重要方面。由于政治现象具有复杂性，加上人们观察分析政治的立场、观点和方法存在差异，人们对政治的含义有着迥然不同的看法。本文从历史唯物主义出发，分析了多种政治观，认为政治本质上是一种利益现象，而利益是在一定的生产和社会关系基础上获得社会内容和特性的需要。利益具有内在的双重性，这种双重性的矛盾运动形成了利益关系。研究者在对利益关系进行分析的基础上，尝试构建了利益政治分析模型，据此分析政治权力和政治权利形成的基础、动因和功能，解释国家和政府治理的不同模式，阐明社会发展的规律。

关键词：政治观；利益；利益关系；共同利益；利益矛盾

◎ 结构摘要

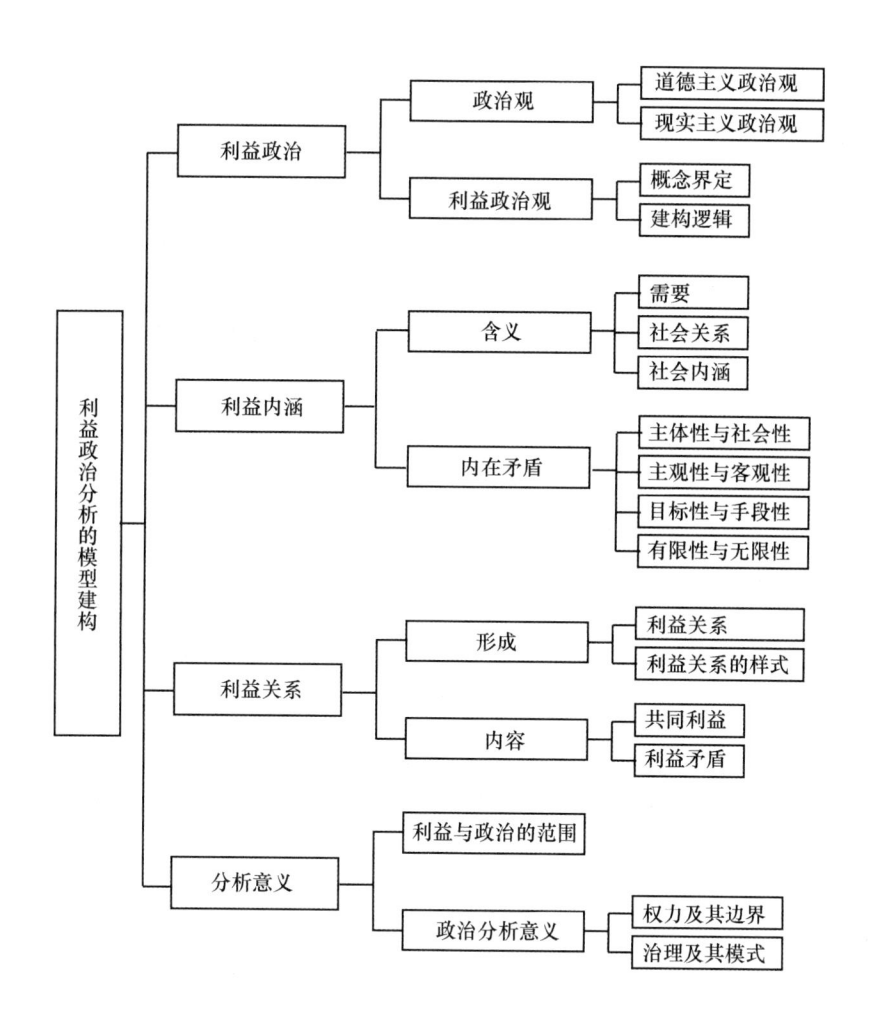

```
                                    ┌─ 政治观 ──┬─ 道德主义政治观
                      ┌─ 利益政治 ──┤          └─ 现实主义政治观
                      │             │
                      │             └─ 利益政治观 ─┬─ 概念界定
                      │                           └─ 建构逻辑
                      │
                      │                      ┌─ 需要
                      │             ┌─ 含义 ─┼─ 社会关系
                      │             │        └─ 社会内涵
利益政治分析的模型建构 ─┼─ 利益内涵 ──┤
                      │             │             ┌─ 主体性与社会性
                      │             │             ├─ 主观性与客观性
                      │             └─ 内在矛盾 ──┼─ 目标性与手段性
                      │                           └─ 有限性与无限性
                      │
                      │             ┌─ 形成 ──┬─ 利益关系
                      ├─ 利益关系 ──┤         └─ 利益关系的样式
                      │             │
                      │             └─ 内容 ──┬─ 共同利益
                      │                       └─ 利益矛盾
                      │
                      │             ┌─ 利益与政治的范围
                      └─ 分析意义 ──┤
                                    └─ 政治分析意义 ──┬─ 权力及其边界
                                                     └─ 治理及其模式
```

◎ 观点摘要

1. 按照辩证唯物主义和历史唯物主义，可以把所有的政治现象归结为利益现象，或者说是通过公共权力实现和发展的利益需求。概言之，政治生活即基于利益和利益关系的公共权威现象。

2. 利益发端于人们自然的和社会的生理、心理需求，但是，历史唯物主义认为，利益是获得了社会属性的需求。

3. 利益是一种受主体与客体、自然与社会、生理与心理等多方面因素影响和制约的社会现象，而影响和制约利益的多方面因素，决定了利益具有多种内在矛盾规定性和复杂特性。

4. 利益的诸多内在矛盾中的主要矛盾是利益归属的主体性与利益实现的社会性之间的矛盾，在这一矛盾驱使下，利益主体的利益必须通过社会关系和社会途径来解决，由此构成了人们之间的利益关系。

5. 利益关系包括同一层次的利益主体之间和不同层次的利益主体之间的利益联系。本质上，利益关系是利益内在矛盾运动的结果和社会展开。

6. 利益关系包含共同利益和利益矛盾。共同利益是指处于同一社会关系和社会地位中的人们的各自利益的相同部分，具有特定社会关系中的公共性、非市场实现性、单一性、相对独立性和多重价值复合性。利益矛盾是指由于不同利益主体的利益之间以及它们与共同利益之间的差异而形成的矛盾，包括同一层次上不同利益主体之间的横向利益矛盾和不同层次上利益主体之间的纵向利益矛盾。

7. 利益关系是政治关系的基础，对于政治关系具有前提性和决定性意义。利益政治模型的建构，可以为人们提供分析社会政治现象的发生原因、基本功能、实际边界、制度形态和发展规律的工具，也可以为人们提供认识和把握政治现象及其发展规律的一般理论。

历史唯物主义认为，人类社会的存在和发展，发端于人与自然的关系。在人处理自身与自然的关系的过程中，形成了人与人的关系，也推动了人类社会的生成和发展。马克思曾经指出，"历来为繁芜丛杂的意识形态所掩盖着的一个简单事实：人们首先必须吃、喝、住、穿，然后才能从事政治、科学、艺术、宗教等等"[①]。据此，我们把政治分析的逻辑起点追溯回人类社会最本质和最原初的存在，即人的利益需求。从这个意义上讲，利益是构建政治分析模型的历史和逻辑起点，也是把握和解释社会政治现象的基础。

一 不同的政治观与利益政治观

建构政治分析模型或者建构一种一般性政治理论，首先需要明确理论或模型的逻辑起点。确定这一逻辑起点，可以使用不同的方法。在这里，我们通过对不同的政治观进行辨析来提炼这个逻辑起点，进而确认政治分析的逻辑起点，建构利益政治分析的基本模型。

众所周知，古往今来的中外政治学家对错综复杂、多种多样的政治现象有十分丰富的理解。早在 2004 年，笔者曾对政治的定义方式进行了不完全的统计，有据可查的政治定义有 1000 多种，足以编纂成一本厚重的政治含义百科全书。这些政治学家理解和把握社会政治生活的出发点并不相同，在此简要分析其中最有代表性和影响力的两种。

首先是道德主义政治观。从道德和价值出发解释政治，强调了政治生活的价值取向，指出人们对于政治的期望和要求，显示了对于社会政治生活目的的把握，并且体现了政治生活的道德标准。道德主义政治观具有理想主义的特点，强调的是政治的应然含义，即政治应该是什么，是人们主观的向往。换言之，理想主义政治观强调了政治生活应该是什么样，作为政治主体的官

[①] 《马克思恩格斯选集》第 3 卷，人民出版社 2012 年版，第 1002 页。

员、公务员的行为应该是什么样。强调政治应该是什么，是人们对政治生活的价值要求。中国儒家学说对政治的阐释，就寄托着丰富的道德与价值追求。比如，季康子问政于孔子，孔子对曰："政者，正也。子帅以正，孰敢不正?"① 这里的"正"就是儒家的道德规范，要求统治者的思想行为应符合这些规范。在道德主义政治观当中，政治与道德是一体两面，从而构成了从道德到政治的内外统一逻辑。在西方，也有很多政治思想家将政治与某种伦理价值联系起来。如柏拉图认为，政治的本质问题在于正义，他的理想国就是正义国，它具有智慧、勇敢、节制和正义这四种美德。② 而他的学生亚里士多德则将政治等同于"最高而最广的善"，认为它是人们相互间的一种道德性结合。③ 这些都是应然的追求，而在实际情况中未必如此。这种对政治理解的取向和对政治含义的把握，通常称其为道德主义或伦理政治观。

道德主义政治观具有一定的优势。道德主义政治观从应然角度来对政治生活进行价值把握，或者道德价值取向的把握说明政治生活存在着价值取向。例如，人们都希望政治生活是公正廉洁的、公平正义的、高效的、平等的、民主的、安全的、有序的……这些价值本身就体现了人们的追求，同时也说明了社会政治生活和公共生活的目的，也表达了人民和公众的价值取向和追求。

道德主义政治观也存在着诸多不足。道德主义政治观更多是从哲学思辨出发而不是从社会现实出发来分析政治，带有浓重的"神秘和思辨的色彩"④，不能解释政治生活全部内容。道德主义政治观最明显的特征是强调了政治的应然性，也就是政治生活应该是何种样态。然而，它并没有说明现实政治生活在实际上是何种样态。正因为如此，人们认为，道德主义政治观只讲了政治的应然性，而忽略了政治的实然性。

与道德主义政治观不同，人们对于政治本质属性的看法还有另一个角度，即现实主义政治观。既然道德主义政治观仅仅解释了政治生活应然的内容，

---

① 《论语·颜渊》。
② [古希腊]柏拉图：《理想国》，郭斌和、张竹明译，商务印书馆1986年版。
③ [古希腊]亚里士多德：《政治学》，吴寿彭译，商务印书馆1995年版，第3页。
④ 《马克思恩格斯选集》第1卷，人民出版社2012年版，第151页。

那么，从实然的角度来解释政治就是必要的，这正是现实主义政治观分析政治的逻辑起点。现实主义政治观认为，政治本身并不是人们所说的那些应然的价值取向，现实政治不过是人们争权夺利的行为而已。政治生活就是围绕着权力而展开的各种各样的活动，包括相互怀疑、斗争、冲突、合作，这一切都是围绕着政治权力展开的。中国历史上的法家，从法、术、势等内容来分析政治，也就是政治权力的获取、保持和运用，其代表人物韩非就曾经直言不讳地指出，政治就是用权。在西方，马基雅维利率先把道德与权力分离开，认为政治的目的不过是获取并保持权力。现代西方诸多思想家，也从权力角度界定政治，如马克斯·韦伯认为，"'政治'就是争取分享权力或者争取对权力分配施加影响"[①]。哈罗德·拉斯韦尔认为政治主要指的是"权力形成和分享的方式"[②]。国际政治理论家摩根索则明确认为，"国际政治与国内政治的本质是完全相同的。这两种政治都是争夺权力的斗争"[③]。

现实主义政治观在一定程度上解释了政治实践，同时也存在着很多不足。例如，国际政治领域，现实主义可以把国际政治解释为争夺霸权，而霸权实际上不过是世界范围的权力。现实主义政治观虽然直面政治实践，并把握了政治的某些本质性内容，尤其是政治权力，但是它的逻辑却是"为了权力而权力的政治"，忽视了人们夺取、掌握和运用权力的动因和目的。实际上，古往今来，对社会中大多数人或者一个国家，甚至是对人类而言，政治生活是为了人们的生存和发展的需求而生成的。正如恩格斯曾指出："政治权力不过是用来实现经济利益的手段。"[④] 因此，现实主义政治观把政治解释为一种权力的游戏，完全忽略了政治的价值取向，使政治失去了它的应有意义。

道德主义政治观和现实主义政治观都有着广泛的影响。除此之外，还有认为"政治是公众事务的管理活动"[⑤]，"政治是对于社会价值物的权威性分

[①] [德] 马克斯·韦伯：《经济与社会》下卷，林荣远译，商务印书馆1997年版，第731页。
[②] [美] 哈罗德·拉斯韦尔、[美] 亚伯兰罕·卡普兰：《权力与社会——一项政治研究的框架》，王菲易译，上海人民出版社2012年版，第197页。
[③] [美] 汉斯·摩根索：《国家间政治》，徐昕等译，北京大学出版社2006年版，第63页。
[④] 《马克思恩格斯选集》第4卷，人民出版社2012年版，第257页。
[⑤] 吴恩欲：《政治学问题研究》，商务印书馆1948年版，第71页；《布莱克维尔政治学百科全书》，中国政法大学出版社1992年版，第583页。

· 9 ·

配的决策活动"①,"政治是一种超自然、超社会力量的体现或外化"②,"政治是制定政策和执行政策的过程"③等观点。这些观点虽然从不同角度揭示了政治的内涵,但受到历史和认识上的局限,这些政治观也仅仅只解释了政治的某个方面,并没有把握政治的全部内容,也没有深刻而全面地确定政治本质。那么,能不能找到一种既适用于所有的政治现象作为理解政治和建构政治分析的模型,又可以把握政治的本质来构建独到的政治理论体系的逻辑支点?

辨识和分析不同的政治观可以知道,科学建构政治分析模型的前提在于合理确定政治的含义,而合理确定政治的含义,必须遵循辩证唯物主义和历史唯物主义,避免道德主义政治观和现实主义政治观的片面性,全面深刻准确地确定政治的本质含义,使得作为政治分析基石的逻辑起点可以解释一切政治现象,而不是仅仅解释一部分政治现象;可以区分政治与非政治现象,明确哪些属于政治,哪些属于非政治现象;可以从本质意义而非浅表或直观意义上来确定政治的本质规定性及其内容。

为此,确定建构政治分析模型的逻辑起点,应该贯彻如下原则。

首先,以最简单的现象作为分析对象,预设所有的复杂都是简单的倍加。因此,透彻地分析清楚最简单的现象,即是把握了事物的一般本质。这方面最为生动而深刻的典范,是马克思对于资本主义社会商品现象的分析,从商品这一最简单的现象及其内在矛盾运动出发点,揭示出庞大复杂的资本主义社会本质。

其次,设置一切政治中普遍存在的公因子作为政治现象的本质,进而设置其为政治分析对象和逻辑起点。紧密联系历史和现实,认真分析复杂政治现象,可以发现,从宏观的国际政治和国家政治,到微观的家庭政治,古往今来的各种政治现象的公因子是利益,所有的政治现象都存在利益问题,"人

---

① [美]哈罗德·拉斯韦尔:《政治学:谁得到什么?何时和如何得到?》,杨富裕译,商务印书馆1999年版。
② 《阿奎那政治著作选》,商务印书馆1997年版,第65页;[德]黑格尔:《法哲学原理》,范扬、张企泰译,商务印书馆1982年版,第285页。
③ [美]戴维·伊斯顿:《政治生活的系统分析》,王浦劬译,人民出版社2012年版。

们为之奋斗的一切，都同他们的利益有关"①。对于公因子的解析，不仅是构建政治分析模型的原则，也是构建一般性政治理论的关键。

再次，分析最简单的社会现象中包含的复杂的内在矛盾，分析这种矛盾运动及其解决的出路，由此揭示政治现象发生和发展的动因，发现政治现象发展的规律，因为唯物辩证法的基本方法，就是矛盾分析方法。

最后，运用唯物辩证法，在对立统一的社会联系中，分析和揭示最为简单的社会现象生成复杂的政治现象的辩证运动，揭示这种辩证运动形成的对立统一的关系和模型。

所有这些，是我们把利益现象确定为把握社会政治现象本质，据此构建政治分析模型的出发点、逻辑起点和思维支点。所谓的利益政治观，就是在特定社会经济关系及其所表现的利益要求和利益关系基础上，社会成员通过社会公共权力确认、维护、保障和发展其权利，实现其利益的一种社会关系。

第一，它强调社会政治关系是围绕着一切特定利益，通过社会公共权力而形成的，从而力图概括一切政治现象的特征。

第二，它强调一切通过社会公共权力来确认和保障的权利和利益要求才具有政治性，否则不具有政治性。

第三，它指出了政治的本质内容是政治关系，包括利益、政治权力和政治权利这三种基本关系。

二 利益的含义及其内在矛盾

"利益"是中西方思想史上的古老课题。在我国古代史书典籍中，最早对利益问题展开系统论述的是春秋时期的管仲。他认为，"夫凡人之情，见利莫能勿就，见害莫能无避"②，也就是说趋利避害，是人的共性。此后儒家、法家、道家，都将利益问题作为自己研究和论述的重要内容。在西方，古希腊智者学派的代表人物普罗塔哥拉的学说中探讨了个人利益与国家利益的关

---

① 《马克思恩格斯全集》第1卷，人民出版社1995年版，第187页。
② 《管子·禁藏》。

系。此后的古希腊思想家德谟克利特、柏拉图、亚里士多德等都在不同的意义上论述了利益问题。近代对利益问题展开系统论述的是爱尔维修。他认为，"利益是我们的唯一推动力"，主张"把个人利益和公共利益很紧密地联系起来"①。恩格斯也指出，"每一既定社会的经济关系首先表现为利益"②。在中国传统文化中，"义"通常是一个褒义词，而"利"经常是一个贬义词。但实际上，所谓的"义"也是一种"利"，只不过是利他。例如仁人志士为了公共利益舍生取义。因此，"义"只不过是"利"的另外一种表现形式，是一种利他的形式，归根到底还是一种利益。

人的利益首先源于人的需要。马克思和恩格斯在《德意志意识形态》中指出："一切人类生存的第一个前提，也就是一切历史的第一个前提，这个前提就是：人们为了能够'创造历史'，必须能够生活。但是为了生活，首先就需要吃喝住穿以及其他一些东西。"③ 因此，需要是人类自身存在的必然性。对于现实存在的人来说，"他自己的实现作为内在的必然性、作为需要而存在"④。正是在这个意义上，马克思认为"他们的需要即他们的本性"⑤。

满足需要的动机，促使人们从事生产活动。需要本身并不能保证人类的生存和发展，只有满足需要才能实现人的生存与发展。为了满足需要，人类就必须进行生产活动。"没有需要，就没有生产。"⑥ 生产活动本质上就是将自然之物改造为满足生产者或其他社会成员的需要之物。因此，人类的"第一个历史活动就是生产满足这些需要的资料，即生产物质生活本身"⑦。随着人类生活的发展，需要也从物质对象进一步扩展到精神对象。

生产活动促进人们形成社会关系。为了提高生产力，不断满足更高的需要，人类在对生产工具进行技术改进的同时也在改进自己的社会联系和联系

---

① [法]爱尔维修：《论人的智能能力和教育》，载《十八世纪法国哲学》，北京大学哲学系外国哲学史教研室编译，商务印书馆1963年版，第537页。
② 《马克思恩格斯选集》第3卷，人民出版社2012年版，第258页。
③ 《马克思恩格斯选集》第1卷，人民出版社2012年版，第158页。
④ 《马克思恩格斯全集》第3卷，人民出版社2002年版，第308页。
⑤ 马克思、恩格斯：《德意志意识形态》节选本，人民出版社2018年版，第120页。
⑥ 《马克思恩格斯选集》第2卷，人民出版社1995年版，第9页。
⑦ 《马克思恩格斯选集》第1卷，人民出版社2012年版，第158页。

方式。人们不可能单独从事生产活动，必须进行共同生产，而"为了进行生产，人们相互之间便发生一定的联系和关系；只有在这些社会联系和社会关系的范围内，才会有他们对自然界的影响，才会有生产"①。随着生产和分工的发展、人类需要的细化和深化，人与人之间发展出了家庭、阶级、阶层、民族、集团、社会生产单位、国家乃至国际社会等社会群体，并在这种群体中形成了错综复杂的个人与个人、个人与群体、群体与群体之间的关系。

社会关系形成后，赋予人们的需求以社会属性。人们的社会关系形成后，不仅使人们在特定的社会范围内生产和生活，而且支配着生产成果在社会成员之间的分配，因而本质上制约着人们需要的满足，这就使人与需求对象之间的关系转化为人与人之间的关系，需要由此以个人的生理和心理形式获得社会内容和社会特性，具体表现为：人们的需要具有其所处的社会关系的属性；人们的需要只有在这种社会关系及其变动中才能得到实现；人们的需要及其实现受到其所处的社会关系的约束。

这种获得了社会内容和特性的人们的需要，就是利益。因此，利益发端于人们自身的、自然的、生理的乃至后来的心理的需求，但它也不完全等同于需求，实际上它是需求要实现的过程中获得了社会属性的一种需求。正如马克思所说的："人们之间一开始就有一种物质的联系。这种联系是由需要和生产方式决定的。"②"私人利益本身已经是社会所决定的利益，而且只有在社会所设定的条件下并使用社会所提供的手段，才能达到；也就是说，私人利益是与这些条件和手段的再生产相联系的。这是私人利益；但它的内容以及实现的形式和手段则是由不以任何人为转移的社会条件决定的。"③

因此，在社会科学和政治分析中，获得了社会内容和社会特性的需求，就是利益。利益的含义是具有人的生理和心理基础，同时又具有人所处的社会关系和社会属性的需求。

通过分析利益的形成和本质，可以发现，利益是一种受到主体与客体、自然与社会、生产力与生产关系等多方面因素影响和制约的社会现象，影响

---

① 《马克思恩格斯选集》第1卷，人民出版社2012年版，第340页。
② 《马克思恩格斯选集》第1卷，人民出版社2012年版，第160页。
③ 《马克思恩格斯全集》第30卷，人民出版社1995年版，第106页。

和制约利益的多方面因素决定了利益具有多种矛盾规定性和复杂特性。按照马克思主义的观点,"唯物辩证法的宇宙观主张从事物的内部、从一事物对他事物的关系去研究事物的发展,即把事物的发展看做是事物内部的必然的自己的运动,而每一事物的运动都和它的周围其他事物互相联系着和互相影响着"[1]。因此,我们用马克思主义的分析方法和路径来分析利益特性和利益关系形成的原因,必须从利益现象内含的矛盾入手。根据利益的定义,我们发现在社会科学分析意义上,利益这种现象充满着矛盾。

第一,利益实现要求的主体性与实现途径的社会性之间的矛盾。利益实现要求的主体性是一切利益的天然本性和基本规定,正是在这个意义上,马克思指出,"凡是有某种关系存在的地方,这种关系都是为我而存在的"[2]。一方面,利益的主体实现性源于其需要的主体满足;另一方面,任何利益不仅是在社会中形成的,而且必须在社会中通过特定的社会关系和途径才能实现,这就构成了利益实现途径的社会性。这就构成了利益内含的第一个矛盾,也是最基本的矛盾。

第二,利益形式的主观性和利益内容的客观性之间的矛盾。一方面,利益是与人们的一定社会实践水平和社会关系状况相适应的物质需要和精神需要的直接表现,其内容反映着特定社会生产发展水平和社会关系背景下的物质条件和社会状况,因而是客观的。另一方面,利益对于外部状况的反映又是以人们的主观意识和心理形式存在的,表现为人们在特定社会条件和社会关系中所特有的兴趣、愿望和追求,也表现为人们各种各样需求的生理的和心理的满足和享有。

第三,利益的目标性与手段性之间的矛盾。一方面,利益是人们追求的生活目标,人们的一切活动都是围绕着利益展开的,都是为了实现和满足特定的利益和需求而进行的,因此,利益对于人们的物质生活和精神生活来说,具有相应的目标意义。另一方面,对于人们形成社会关系、参与社会生活、提高自身能力和素质、治理与管理社会和公共生活、推动人类历史的进步和

---

[1] 《毛泽东选集》第1卷,人民出版社1991年版,第301页。
[2] 《马克思恩格斯选集》第1卷,人民出版社2012年版,第161页。

发展来说，利益又具有手段意义。

第四，利益的具体有限性与利益发展的无限性之间的矛盾。在社会发展的特定阶段和水平上，就每个社会成员的特定需要和需要层次来说，利益总是具体有限的。但就社会和社会成员的需要的总体发展来说，利益又有无限发展的可能。仅从利益角度来理解，人类社会的历史就是人们的利益不断深化和提高的历史。历史"不过是追求着自己目的的人的活动而已"[①]，正是凭借着无数人追求的不同利益要求的总和而前进的。

以上都是从利益基本的内在矛盾，也就是利益实现的主体性、主观性和它实现途径的社会性派生出来的矛盾。因此，利益这种现象是一种充满着多方面内在矛盾的复杂的社会现象。利益的内在矛盾靠孤立的利益主体是无法解决的，要通过实现和解决利益的社会关系来解决，这种社会关系我们称之为利益关系。

三　利益关系的分析模型

（一）利益关系的形成

一般来讲，利益关系就是不同的利益之间的相互关系。由于人们在对利益进行分类时采用的标准不同，因而对不同的利益有不同的划分。比如，按照构成内容把利益划分为物质利益和精神利益；按照领域把利益划分为政治、经济、文化利益等。由于利益在内容上是人们对于客观外部条件的反映，而形式上是作为人的主观意识的存在，因此附着和归属特定主体的利益是利益的社会存在单位，它的实现路径是以社会联系和社会关系的形式而存在的。从这个角度划分，可以将利益划分为不同利益主体的利益。因此，利益关系指的是不同利益主体的利益之间的社会联系。

利益主体可以分为个人和群体两个方面。个人是利益主体的基本单元，个人利益由此成为利益关系的基本构成要素。"全部历史中'普遍利益'都

[①] 《马克思恩格斯文集》第1卷，人民出版社2009年版，第295页。

是由作为'私人'的个人创造的。"①在社会生产和生活过程中，不同的个人结成各种各样的社会关系，从而形成了不同的社会群体，如氏族、部落、民族、阶级、阶层、集团、集体等，这些群体既是社会结构的主干，又是群体利益的主体，不同的群体利益是利益关系的重要构成方面。

因此，利益关系包括利益主体之间的两个方面的利益联系。一方面，它包括个人与个人之间、同一层次的社会群体之间乃至社会与社会之间的利益联系。另一方面，它包括个人利益与群体利益之间、不同层次的社会群体利益之间以及个人利益、群体利益和社会利益之间的联系。利益关系就是这样一个纵横交错的社会联系结构网络。不同的利益主体之间之所以会发生利益关系，是与利益自身内含的基本矛盾，即利益实现要求的主体性与实现途径的社会性之间的矛盾作用和运动分不开的。

首先，按照马克思的看法，"全部人类历史的第一个前提无疑是有生命的个人的存在"②，因此，我们从最简单的利益主体即个人的利益关系开始分析。如图1所示，我们把个人的利益分为个体利益A和B。

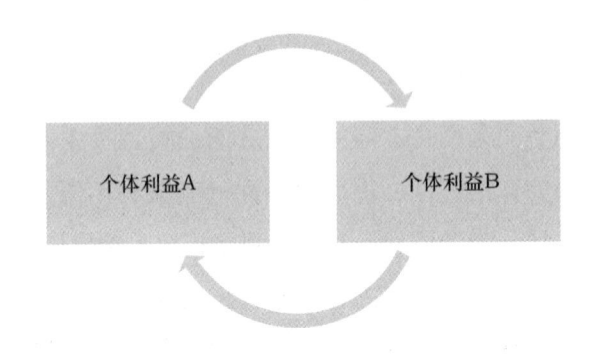

图1 个体之间的利益关系

从个体利益A来看利益的内在矛盾性。一方面，利益本质上是利益主体的需要，但同时任何利益又都是社会的产物，个体利益A的需求，只有在特定的社会关系中才能表现为具体利益并实现这种利益。利益内容的这种二重

---

① 马克思、恩格斯：《德意志意识形态》节选本，人民出版社2018年版，第99页。
② 《马克思恩格斯选集》第1卷，人民出版社2012年版，第146页。

性，迫使个体利益 A 为了满足自己的需求或实现自己的利益而在社会中寻求实际途径，也就需要和个体利益 B 进行特定的社会联系，他的利益才能得到实现。从这个意义上来讲，个人的利益要实现，就必须克服利益内在的基本矛盾性。

另一方面，对个体利益 B 来说也是同样的情况，由于个人利益所蕴含的二重性具有普遍意义，所以每个人都内在地具有通过社会途径来满足自己需要的实际冲动。这样，当两个以上的人作为利益主体存在时，结成利益关系就会成为每个人各自的行为，而正是利益主体之间的互动性，构成了利益关系得以发生的条件，从而形成了个人与个人之间的利益关系。由此可见，利益关系的形成其实是利益内在矛盾的一种社会展开，是它解决内在矛盾的社会途径的一种表现，是任何一个利益主体内在的需求和冲动。

就群体利益来看，群体一经形成，就成为独特的利益主体，相对于其他群体来说，该群体的利益实际是单个的主体利益，这种利益同样具有其利益实现要求的主体性与利益实现途径的社会性这二重性，利益的主体实现要求促使该群体与他群体发生利益关系，以创造本群体的利益得到最大限度实现的社会条件。而作为单个利益主体意义上的其他群体利益要求内在基本矛盾的同构性，使得每个利益群体都具有这种要求，从而使这些群体间利益关系的形成成为可能。因此，群体和群体之间利益关系的形成和同一层次上的个体与个体之间利益关系的形成机理和逻辑是一样的。

其次，从个体与群体的利益关系来看，由于群体利益一般是在个体之间利益关系形成的基础上形成的，因此，个体与群体的利益关系通常是在个体与个体的利益关系形成以后形成的，或者说，它是以个体与个体的利益关系为基础而自动生成的。由于利益的主体性，决定了任何一对利益主体结成的最简单的利益关系中首先包含着具有独立意义的两个利益内容。利益还具有社会性，所以利益主体各自的利益能够共存于一个利益关系之中，这就使得利益关系中产生了不同于形成利益关系的两个利益的新的利益内容，即第三种利益。如图 2 所示，当个体利益 A 和个体利益 B 形成利益关系后，群体利益即告存在。所以从抽象或内容意义上来看，利益关系形成后就形成两种利益，即个体利益和群体利益。个体利益 A 包含原来的部分个体利益和群体利益两部分，个体利益 B 的利益同样也是由原来的部分个体利益和群体利益组成。群体利益则是由个体利益 A 和个体利益 B 两个个体的利益的相同部分构成。

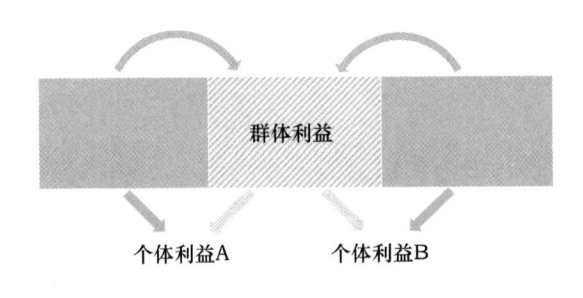

图 2　个体与群体之间的利益关系

由此可见，利益关系是利益主体的利益所包含的内在的基本矛盾和它的双重性在社会生活当中的外化和展开，是不同利益主体的利益的基本矛盾和双重特性的互相作用和社会体现。

（二）利益关系的内容

人们相互之间的利益关系形成以后，包含两个基本方面：一是共同利益，二是利益矛盾。

共同利益首先是在同一社会关系，尤其是经济关系和经济地位基础上形成的，是处于同一社会关系和社会地位中的人们的各自利益的相同部分。利益关系形成后，利益关系中产生了第三种利益，这种利益看起来是新生成的，但从它的基本内容来看，其实是原构的两个利益主体利益的一部分相同之处，因此，共同利益的基础是个人利益，或构成某一群体的各子群体利益。这些不同的个人利益或子群体利益的相同之处，构成了共同利益，正如马克思所说："共同利益恰恰只存在于双方、多方以及各方的独立之中，共同利益就是自私利益的交换。"[①] 从这个意义上看，共同利益就是人们结成群体后形成的利益，即群体利益。这也表明，通常所说的群体利益或者特定群体中的公共

---

① 《马克思恩格斯全集》第 30 卷，人民出版社 1995 年版，第 199 页。

利益，仅仅是指该群体成员的共同利益。

与原有的个人利益不同，共同利益具有一些特性，这些特性也是社会政治生活得以产生、政治生活分析模型需要建构的前提和基础之一。

第一，共同利益具有特定社会关系中的公共性。这种公共性在不同的社会关系和利益关系中具有不同含义，它可以是不同利益主体之间利益在内容、规则、形式和让步妥协等不同意义上的共同性。不仅涉及利益关系中的不同利益主体的相同方面，而且涉及利益关系中利益主体的不同方面。

第二，共同利益的非市场实现性。共同利益通常情况下不通过市场方式和机制来实现，一般是通过公共产品的供给来实现，而公共产品具有的消费排他性和非竞争性等特点不适应市场的方式和机制，由此产生了通过合法性强制的公共权力来予以实现的需要。

第三，共同利益的单一性。在特定的利益关系中，共同利益通常是唯一的，这就使得社会政治生活中，在特定范围内和特定利益关系基础上形成的公共权力是唯一的。

第四，共同利益的相对独立性。共同利益一旦形成，就成为利益关系中的第三种利益，因而取得了独特的利益地位。在有些情况下，共同利益还常常对于同一利益关系中的不同利益取得支配地位。

第五，共同利益的多重价值复合性。共同利益通常包含着特定利益关系中相关社会成员的多重价值要求，其中至少包含着生存、安全、秩序、效率、公平、公正、平等、民主、自由等基本价值。共同利益内含的这些丰富多样的价值，使得政治生活和政治管理决策相应地面临多样价值指向和要求，从而形成政治运行的多种可能性、政治权威的多重价值合理性、政治决策的多重价值选择性和政治评价的多重价值标准。

利益矛盾是利益关系的另一个侧面，它指的是不同利益主体的利益之间以及它们与共同利益之间的差异而形成的矛盾的一面。差异性是矛盾性的基础。对图2的分析，可以看到利益矛盾包括两个方面的内容：

一方面，利益矛盾是指同一层次上不同利益主体的利益之间的矛盾，如个体利益A和个体利益B之间的利益矛盾，或阶级与阶级之间、民族与民族之间的差异所造成的利益矛盾。由于这些矛盾是横向发生的，又被称为横向利益矛盾。它的发生依赖两个基本条件。

条件一是同一利益关系中的两个利益主体之间存在着差别。这是利益矛盾产生的客观基础。造成这种差别的原因复杂多样，其中主要是自然的差异和社会的差异两个方面。

自然差异是指利益主体之间与生俱来的差异性，包括：个体的自然差异以及由此造成的满足自身需要的能力差别，比如人的年龄、性别差别以及由此带来的体力和脑力差别；群体的自然差异以及由此造成的群体特点之间的差异，比如种族、民族之间的自然差异。

社会差异是指由于社会原因造成的利益主体之间的差异性，包括：劳动分工造成的不同劳动者之间的差别；生产资料占有关系不同造成的不同占有者之间的差别；人的教育差异造成的把握和认识问题的角度和水平的差异；不同文化背景下成长造成的文化人格和认知差异；等等。

条件二是同一利益关系中的两个以上利益主体同时对同一利益客体有利益要求。这是利益矛盾得以产生的主观条件。通常有两种形式的表现：一种形式是某一利益主体对另一利益主体的既有利益的要求，实际上是一种利益剥夺；另一种形式是两个利益主体对于某种双方均未获得的利益都有利益要求，表现为一种利益竞取。

解决横向利益矛盾的途径，必须根据它发生的条件来展开。从利益主体的差异性来看，自然的差异很难解决，因此重点在于对社会差异地化解，比如改变人的教育差异，通过提升一个群体总体的教育水平，来提升人的素质和认知水平；改造经济关系，使得这种经济关系从不平等的经济关系转化为平等的经济关系；尊重文化的差异性，使得文化的共性能够得到发扬。从两个以上利益主体同时对同一利益客体都有要求来看，可以通过调整利益主体的主观原因，使得两个以上的利益主体对同一利益客体的要求进行客体的转变或者客体的置换，以此来解决利益矛盾的发生。

另外，利益矛盾又是指不同层次上利益主体的利益之间的差异所带来的利益矛盾。比如，个人的利益与他们所处的集体、集团、阶层、阶级、民族、社会等群体的共同利益之间的矛盾。由于这种矛盾是纵向发生的，所以人们又称其为纵向利益矛盾。

纵向利益矛盾是发生在不同层次上的利益主体之间的利益矛盾。在社会结构中，不同层次上的利益主体之间的关系实际上是特殊与一般的关系，纵向利益矛盾实际上是特殊利益与共同利益之间的矛盾。就其内容来看，共同利益是由构成利益关系的不同利益主体的利益的共同部分组成的，特殊利益则是这些利益主体的利益的不同部分，因此，特殊利益与共同利益之间的矛盾实际上是同一利益主体的两部分利益之间的矛盾，它的发生同样具有两个方面的条件。

条件一是这两部分利益对于同一利益主体的不同意义。这种不同意义有多方面的表现，图2中对于个体利益A来讲，特殊利益的实现表现为需要的直接满足，具有直接意义，共同利益的实现对于特殊利益来说具有间接和保障的意义；特殊利益一般具有局部意义，而共同利益则具有整体的意义；特殊利益的实现，在时间上通常先于共同利益，而共同利益则是在相对长的时期内保证特殊利益和自身的实现；同时特殊利益常常表现为非根本性利益，相形之下，共同利益对于该利益关系和利益主体来说具有更加重要、更加根本的意义。这些差别，构成了特殊利益与共同利益之间发生矛盾的客观基础。

条件二是对同一利益主体的利益进行两部分分割时的不合理。特殊利益和共同利益并不天然地构成利益矛盾，只有在扭曲一种需要和利益来实现另一种需要和利益，即不合理地分割同一利益主体的两部分利益时，它们之间的矛盾才会发生。实际生活中，这种不合理的分割表现为忽视特殊利益而片面强调共同利益，或一味追求特殊利益而损害共同利益。这种对不同利益不合理的分割，构成了纵向利益矛盾的主观原因。

由于纵向利益关系中的两部分利益对于该利益关系中利益主体的意义是天然不可改变的，因此，产生纵向利益矛盾的客观基础是不可消除的，所以解决纵向利益矛盾的途径在于消除和克服纵向矛盾产生的主观原因，即重新合理分割特殊利益和共同利益。

四 利益关系模型的政治分析意义

对政治生活进行基本的利益分析，是对政治生活的原因和基础进行分析

基础研究

的一种基本模型。两个利益主体的利益有共同之处，形成了共同利益，由此，利益关系中形成了三种利益。第一种利益是利益主体 A 的部分利益，是和利益主体 B 不同的利益；第二种利益是利益主体 B 的部分利益，是和利益主体 A 不同的利益；第三种就是共同利益，也就是利益主体 A 和 B 的相同部分。其关系如图 3 所示。

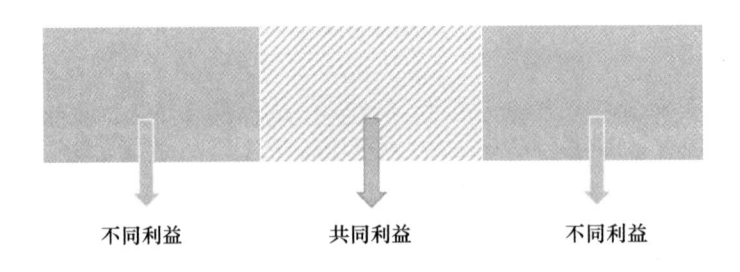

图 3　利益分析的基本模型

在政治生活中，利益关系中的利益主体 A 和 B 在内容上是部分重合的，这是利益关系的常态。在一个政治共同体内部，成员之间存在着共同利益，但也有不同利益。但在有些情况下，这种利益分析模型会呈现出极端状态。第一种极端状态是共同利益缩小到零，也就是利益主体之间的利益没有共同性，甚至是没有形成利益关系。在这种利益关系中，所有利益主体都以个体形式存在。其理论上的关系如图 4 所示。

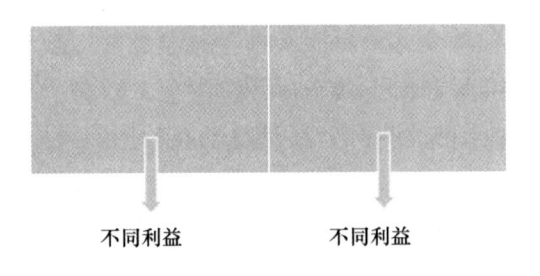

图 4　共同利益为零的极端模型

另一种极端状态是共同利益被最大化，所有利益主体的利益完全重合，利益主体不存在跟其他利益主体不同的利益，如图 5 所示。无共同利益和完全是共同利益是利益政治模型中两种极端的状态，体现为两种不同的、极端的国家治理和公共管理模式。除此之外,就是一般的正常情况,利益主体 A 和利益主体 B 之间存在着部分重合。

共同利益＝全部利益

图 5　不同利益为零的极端模型

利益是政治关系的基础,对于政治关系具有根本性和决定性的意义。通过利益政治模型的建构,可以明确利益关系在政治分析中的前提性和基础性意义。总的来看,我们可以通过利益政治分析模型,得出一些在政治学理论与方法当中带有基础性的结论。

第一,利益关系是政治权力和政治权利形成的基础和条件。从政治权力来看,共同利益是人们结成特定政治力量的内部基础,不同社会群体的社会成员为了实现共同利益,凝结成一定的社会力量和政治力量,而政治权力不过是一种特殊的超过其他政治力量的政治力量,是实现共同利益的权威力量。利益矛盾是政治权力形成的外部条件,特定群体成员为了维护和实现自己的利益,必须处理好与其他不同群体之间的横向利益矛盾,同样也必须处理和协调本群体成员利益与群体共同利益之间的纵向利益矛盾,而政治权力是处理好这些矛盾的权威性凭借和手段。就政治权利来说,特定社会群体的共同利益是该群体成员要求政治权利的基础。利益的横向矛盾决定了特定的群体成员必须要以特定的权利保证自己的利益得到实现,而利益的纵向矛盾则使特定社会群体需要以政治权利方式规定其单个成员的利益与群体共同利益之间的关系。

第二,利益关系决定政治权力和政治权利的功能。首先,利益关系的构成内容规定了政治权力的基本功能,即以政治权力及其权威性强制方式来实现共同利益,协调和解决横向和纵向的利益矛盾。其次,利益关系的构成内容决定了政治权利的基本职能。社会成员对共同利益的主张,经过政治权力的确认形成其政治权利，使得社会成员获得主张共同利益的资格。而利益关系中的利益矛盾，则使社会成员形成协调和解决这些矛盾的共同主张，而政治权利不过是社会成员实现这些主张的政治资格，其重要功能是主张协调和解决社会利益矛盾的共同权威规则。

第三，利益关系决定政治权力的边界。如图3所示，共同利益的边界就是最直观的政治权力的边界。由于社会关系的多样性，人们在社会中满足和实现自己利益的途径也是多种多样的，因此，不同利益可以通过市场交换、相互协商等方式来实现，共同利益才是政治生活的领域。在实际生活中政治权力的边界并不像图示这样简单、直观，因为在市场和社会领域还有相关规则的存在，而这些规则也需要政治权力作为后盾。同时，不同的国家、不同的文化、不同的历史发展阶段，政治权力的边界也是经常会发生变动的。

第四，利益关系决定国家和政府治理的模式。利益关系模型可以说明不同的国家、政府以及不同的历史发展阶段治理模式的差异性，差异性在于共同利益和不同利益相互之间的边界。如上文所述利益关系模型的一种极端状态，描述的是社会生活当中、社会成员之间不存在共同利益，个体利益的实现就是社会全体利益的实现。因此，国家、政府都不需要存在，这就是所谓的无政府主义的模式。另一种极端的状态是不承认个体利益的存在，利益主体的利益是完全重合的，这种极端状态在人类历史上，尤其是在奴隶社会和封建社会是存在过的。

当然，在两种极端状态之间存在一个连续的谱系。这种谱系的差异，直观地反映了不同的国家和政府的治理的模式。如把共同利益调整到较低限度的存在时，就是通常所理解的西方自由主义政治模式，如图6。自由主义政府认为利益主体之间的这种共同利益的存在仅仅限于它的最低限度，因此，政府管理的事情是这种共同的、最低限度的公共事务，除此以外都应该交给市场自由交换机制，交给社会的、自我的管理机制来实现。若将共同利益调整到较大限度的存在时，这种治理模式承认利益主体存在差异性，但利益主体的利益之间重合度较高，形成的共同利益较大，如图7所示。全能主义政府的利益关系分析的模式基础就是这样一种状态。

不同利益　　　　　共同利益　　　　　不同利益

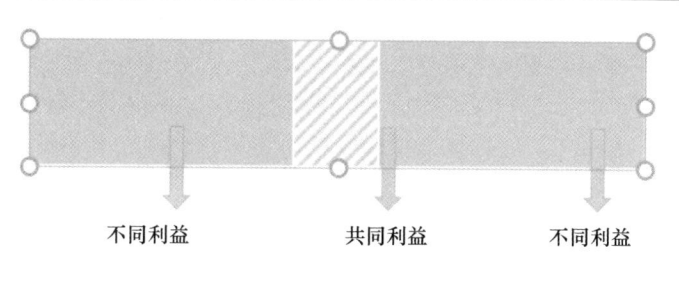

图 6　共同利益较少的模型

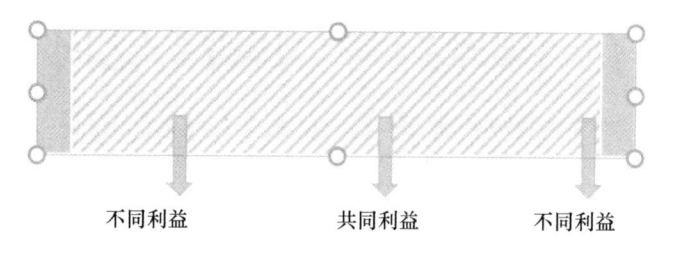

不同利益　　　　　共同利益　　　　　不同利益

图 7　共同利益较多的模型

第五，利益政治分析模型有助于深刻生动地理解社会经济和治理改革。我国从 1978 年的改革开放发展到今天取得了巨大的成就，成为当代中国最显著的特征、最壮丽的气象。[①] 从利益政治分析模型来看，就是将共同利益缩小，政府随之转变职能，将共同利益缩小的部分，转交给市场和社会机制。随着政府和国家治理模式的转型，治理的方式也在转变，如原先通过政治权力的行政方式进行治理，转变到采用行政、市场和社会复合的机制，既用来实现共同利益，同时又可以解决社会矛盾、协调社会利益关系，这个过程还在不断地深化当中，最终形成中国特色社会主义的一种治理模式。

最后，需要说明的是，任何模型的构建都带有简约化、理想化的特点，目的是为分析问题和现象提供一个解释的逻辑和条件。社会科学的模型建构是从理论上解释现实社会政治生活，但社会政治生活是复杂多变的。我们期望通过利益政治分析的模型建构，为政治研究和分析提供原创性的分析工具，并且在此基础上，展开分析和阐述，形成原创性的利益政治学原理。

---

① 习近平：《在庆祝改革开放 40 周年大会上的讲话》，人民出版社 2018 年版，第 9—10 页。

在"殿堂"与"田野"之间
——构建中国特色的田野政治学

徐 勇[*]　漆程成[**]

---

[*] 徐勇，华中师范大学人文社会科学资深教授，博士生导师。曾任或现任国务院学位委员会政治学学科评议组召集人，教育部社会科学委员会委员，中国政治学会副会长，湖北省政治学会会长，教育部首批文科"长江学者"特聘教授。入选第二届荆楚社科名家，曾为中共第十六届中央政治局第三十六次集体学习作讲解。主要从事中国政治与乡村治理研究，倡导田野政治学研究。主要著作有《非均衡的中国政治：城市与乡村比较》《中国农村村民自治》《乡村治理与中国政治》《现代国家、乡土社会与制度建构》《国家治理的中国底色与路径》《乡村治理的中国根基与变迁》《国家化、农民性与乡村整合》《关系中的国家（第一、二卷）》。

[**] 漆程成，天津师范大学政治与行政学院讲师，主要从事民主理论研究。

◎ 内容摘要

摘要：田野政治学是产生在中国大地上的一种政治学研究。田野政治学以田野政治为研究对象，以田野调查为研究基础，注重在理论殿堂与田野调查的互动中构建原创性的政治学理论，并在此基础上形成了田野政治学的学派自觉。在构建具有中国特色的田野政治学过程中，注重"用中国事实定义中国政治"，建构了一系列具有原创性的概念、命题和理论，来解释中国政治的历史与现实，并尝试与西方政治理论进行对话。田野政治学在建构本土化政治学理论方面所做的努力，极大地提升了中国政治学研究的主体性、学理性和原创性。经过数代人的努力，田野政治学派初具雏形并不断发展成熟，为当代中国政治学研究注入了新动能。同时，田野政治学作为一种理论探索，仍然有非常大的发展空间。

关键词：田野调查；田野学派；田野政治学

◎ 结构摘要

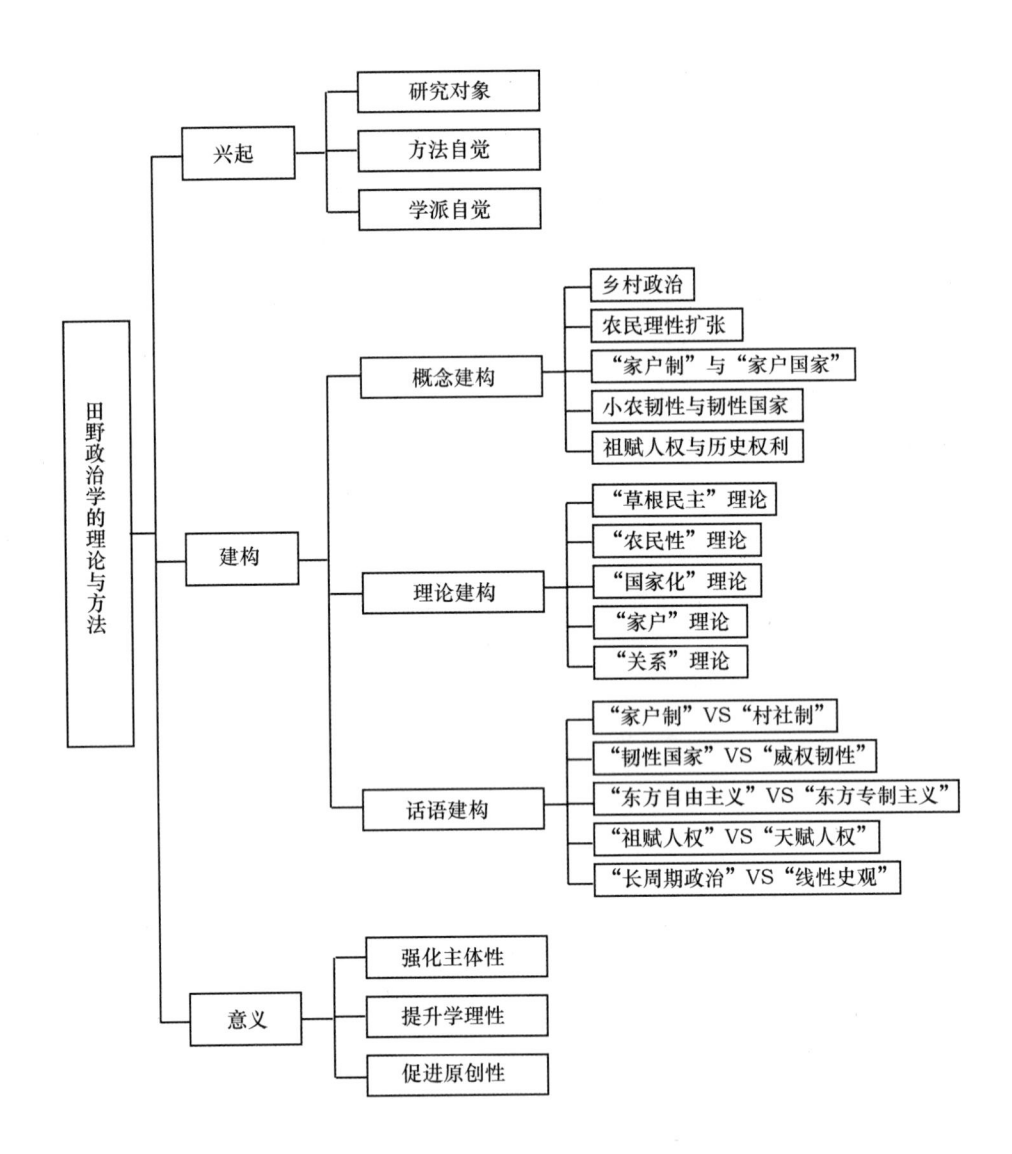

田野政治学的理论与方法
- 兴起
  - 研究对象
  - 方法自觉
  - 学派自觉
- 建构
  - 概念建构
    - 乡村政治
    - 农民理性扩张
    - "家户制"与"家户国家"
    - 小农韧性与韧性国家
    - 祖赋人权与历史权利
  - 理论建构
    - "草根民主"理论
    - "农民性"理论
    - "国家化"理论
    - "家户"理论
    - "关系"理论
  - 话语建构
    - "家户制" VS "村社制"
    - "韧性国家" VS "威权韧性"
    - "东方自由主义" VS "东方专制主义"
    - "祖赋人权" VS "天赋人权"
    - "长周期政治" VS "线性史观"
- 意义
  - 强化主体性
  - 提升学理性
  - 促进原创性

◎ 观点摘要

1. 田野政治学起步于对村民自治问题的研究，主要是对制度表象的调查，主要理论贡献在于村民自治理论本身，包括建构"草根民主"。

2. 田野政治学所指的田野，包括两层意思：一是农村；二是调查。田野政治学起源于作为研究对象的农村，并以田野调查为基础。

3. 政治学"田野学派"有两个基本特点：一是在研究对象方面更关注整体性、一般性、抽象性之下的部分性、特殊性、具体性；二是不是从整体的、一般的宏观制度的角度研究政治问题，而是将政治问题置于特定的历史条件下进行具体分析。

4. 田野政治学建构了一系列原创性概念：乡村政治、农民理性扩张、"家户制"与"家户国家"、小农韧性与韧性国家和祖赋人权等。

5. 田野政治学提出了一系列原创性理论："草根民主"理论、"农民性"理论、"国家化"理论、"家户"理论和"关系"理论。

6. 田野政治学注重话语建构：以"家户制"对话"村社制"、以"韧性国家"对话"威权韧性"、以"东方自由主义"对话"东方专制主义"、以"祖赋人权"对话"天赋人权"、以"长周期政治"对话"线性史观"。

7. 田野政治学强化了政治学研究的主体性，提升了政治学研究的学理性，促进了政治学研究的原创性。

基础研究

田野政治学是基于田野路径的政治学研究,要产出高质量理论成果,需要处理好田野与政治学理论之间的关系,往来于"理论殿堂"与"田野调查"之间。田野政治学必须进入田野,以事实为依据,这是前提。但田野政治学视野下的田野是有理论关怀的田野,是要提出理论和回答理论问题的田野。这是由田野政治学的政治学学者身份所决定的。政治学作为一门理论学科,本质上是讲"大道理"的学科。田野政治学要关注故事,在于故事中有道理,甚至有大道理。只有发现道理,将道理讲出来,才算是政治学。因此,田野政治学进入田野,要用理论的眼睛发现田野,将田野的发现理论化。这是一个巨大的飞跃,没有这个飞跃便难以在理论殿堂中拥有一席之地。

一 田野政治学的兴起

一门学问,总是因为有特定的研究对象而兴起。田野政治学的研究对象是田野政治。田野政治主要指农村基层政治。在研究农村基层政治的过程中,逐渐产生了作为一个专门的政治学领域进行研究的旨向,从而使得政治学由殿堂走向田野,产生了田野政治学的学术自觉,并力图构建政治学的田野学派。[①] 田野政治学的兴起是一种从不自觉到自觉的过程,从早年关注"三农"问题开展农村基层政治研究开始,实现了从书本到田野的转变,并最终形成了田野政治学的学派自觉。华中师范大学张厚安先生是田野政治学研究路径的开创者,并对田野政治学的奠基和发展做出了重要贡献。[②] 此后,在徐勇教授的带领下,田野政治学学者以"有学术关怀的田野调查,以田野调查为基础的原创性理论"为宗旨,逐渐构建起中国政治学的"田野学派",并逐渐发展成为中国政治学中重要的学术流派。田野政治学的兴起也标志着以田

[①] 徐勇:《田野政治学的构建》,中国社会科学出版社2021年版,第1页。
[②] 徐勇:《田野政治学的开创者——张厚安》,《政治科学研究》2021年卷上,中国社会科学出版社2021年版,第3—7页。

野调查为基础构建本土化政治学理论体系取得了重大进展。

（一）形成田野政治的研究对象

从社会科学来看，田野不是大自然，而是在田野上生活的农民。关注田野，是关注田野上的农民。当我们将研究的视角从上层转换到基层时，必然要以田野上的农民作为研究对象。20世纪80年代，中国的田野上发生了两件大事：一是通过家庭承包，农民获得了经济上的自主权；二是通过村民自治，农民获得了政治上的自治权。第二件大事更不容易。因为对于农民来说，历史以来都是自我生产，家庭经营轻车熟路，国家也乐观家庭经营带来的经济效益。而历史以来，农民在政治上从来都是被代表者。

中国长期历史上存在的专制政治，其深刻的社会基础是小农社会，是作为政治客体的农民。他们在政治上要么一直跪着，要么自己站了起来而让他人继续跪着。如著名史学家斯塔夫里亚诺斯所说，传统中国曾发生无数次农民反抗，但始终是"有造反而无革命"[①]。中国之所以上层政治不断更迭，但政治形态没有质的改变，从根本上说是最广大的社会民众不是政治活动的主体，不能通过有序的政治参与改变政治土壤，由此使得皇权政治长期延续下来。中国的政治形态要从根本上得到改善，不仅仅在于少数精英的先知先觉，更在于广大民众通过政治实践获得政治自觉和自主。

20世纪80年代，农村实行村民自治，由自己投票选举村委会主任，实行自我管理。这意味着他们从政治上的客体转换为主体。由于中国农村村民自治能够较为充分地体现民主化、制度化的基本原则精神，一经出现便显示出强大的生命力，成为国家法律制度安排和群众积极自主参与、上下结合的民主实践活动。1987年，全国人民代表大会常务委员会通过《中华人民共和国村民委员会组织法（试行）》。村民自治随之在全国广泛推行，取得了突出的成效。

上层的变动进一步促进了政治学学者的学术反思。1991年，徐勇在《社

---

① ［美］斯塔夫里亚诺斯：《全球分裂——第三世界的历史进程》（上），迟越、王红生等译，商务印书馆1993年版，第318页。

会科学报》上发表了《重心下沉：90年代学术新趋向》一文。① 这篇论文是很有针对性的。因为20世纪80年代学术界的注意力主要集中于国家上层，关注的是上层变革，注重的是上层变革的走向与路径，而正在发生深刻变化的基层，特别是农村田野却是学界的盲区。在1992年出版的《非均衡的中国政治：城市与乡村比较》一书中，徐勇明确提出一个问题，这就是包括中国在内的东方社会，为什么上层政治经常发生更迭，但整个社会并没有发生根本性变化；学界关注较多的是国家上层的变化和更迭，而基层社会却被忽视，事实上恰恰是基层社会的不动，造成了上层变动的复杂结果。为此，徐勇提出要将政治体系一分为二：一是上层国家权力；二是基础性政治社会，并提出加强基础性政治社会的研究。② 这本书从根本上转换了徐勇的研究视角，研究重心和视角开始转向基层，特别是为政治学界所冷落和忽略的农村田野。

此时，对于变化中的田野正在重塑新的政治主体，政治学界是缺乏足够认识的。华中师范大学是全国最早建立科学社会主义学科的单位，也是最早恢复建立政治学科的单位。张厚安等学者比较早地将研究视野投向农村，特别是关注农村基层政权问题的研究，1988年专门成立了农村基层政权研究中心。随后徐勇也加入了农村基层政治的研究。而当时农村基层政治变化、争议最多，而又被学界所忽视的就是村民自治问题。当时，主管村民自治事务的民政部基层政治司的一位官员为此感叹，全国9亿农民从事村民自治实践，却只有不到9名学者在研究！

村民自治是实践先行，研究滞后，成果更少。20世纪80—90年代，也有许多政治学学者将学术视野投向农村基层，并取得了不少有分量的成果。其中，最有代表性的是王沪宁的《当代中国村落家族文化——对中国社会现代化的一项探索》。③ 但从总体上来说，此时对农村基层政治中深刻的社会变革还缺乏足够的认识，对20世纪80年代就开始实施的村民自治缺少深入的分析。于是徐勇以农村基层政治作为研究方向，师从李会滨教授攻读博士学位，

---

① 徐勇：《重心下沉：90年代学术新趋向》，《社会科学报》1991年11月4日。
② 徐勇：《非均衡的中国政治：城市与乡村比较》，中国广播电视出版社1992年版，第3页。
③ 王沪宁：《当代中国村落家族文化——对中国社会现代化的一项探索》，上海人民出版社1991年版。

撰写的博士论文《中国农村村民自治：制度与运行》被评为全国首届优秀博士学位论文，以此为基础的《中国农村村民自治》一书则是最早系统研究村民自治的著作。① 从民主的价值取向着手，该书根据《村民委员会组织法》的基本框架和地方实践，对村民自治制度进行了整体性研究，形成制度主义的分析框架，村民自治研究的"价值—制度"范式初步形成。华中师范大学农村问题研究中心于1997年推出的"村治书系"则是"价值—制度"范式的标志性成果。②

1998年，由于国际和国内环境变化，村民自治突然火爆起来。时任总书记江泽民将村民自治与包产到户和乡镇企业一并称为党领导亿万农民的伟大创造。村民自治还被视为观察中国民主的一个窗口，并寄予更多的政治想象。特别是进入21世纪，村民自治提升为中国特色社会主义政治制度的组成部分，作为一种普遍性的政治制度自上而下全面推行。

2000年，华中师范大学中国农村问题研究中心成为教育部人文社会科学重点研究基地，研究重点仍然是农村基层政治，并成为我国研究农村基层政治的重镇。随着研究的深入，徐勇越来越意识到，政治学研究农村、农民问题，问题导向固然重要，但也要有学科意识，加强对农村农民问题的学理性研究。"田野政治"作为一个研究对象被提了出来。

在2008年发表的《政治学研究：从殿堂到田野》一文中，徐勇提出了"田野政治"的概念。村民自治研究促使政治学研究方法转变从"文本"走向"田野"。当村民自治促使政治学由"殿堂"走向"田野"以后，已有的文本无法解释正在迅速发生变化并千差万别的政治实践。村民自治研究将一批"坐而论道"的学者引向乡土大地，在实践中了解事实，发现问题。伴随着实证研究进入中国政治学领域，从而改变了传统的研究格局，导致了"重心下沉"，中国政治学研究从只注重正式文本和高层话语，转向关注村庄政治现象及底层政治行为，从文本政治走向田野政治，从精英政治走向平民政治。……对于政治学实证研究者而言，下一步更加紧迫的是进入真正的、广

---

① 徐勇：《中国农村村民自治》，华中师范大学出版社1997年版。
② 徐勇：《实践创设并转换范式：村民自治研究回顾与反思》，《中国社会科学评价》2015年第3期。

阔的田野，而不是被精英所笼罩的田野；进入真正的平民的田野，而不是平民精英的田野；不是研究以村庄精英为代表的政治，而是广大农民所践行、感受的政治。从狭义的田野转向广义的田野，还必须从"田野即乡村"中走出来，城市社区、基层官员与政府等领域也属于田野，只要不是从国家正式文本、高层话语出发的调查研究都应该属于田野范畴，都是我们的研究领域。[1]

总的来看，田野政治学起步于对村民自治问题的研究，主要是对制度表象的调查，主要理论贡献也在于村民自治理论本身，包括建构"草根民主"。随着对村民自治研究的深入，包括实地实验，之后的田野调查日益深入，注重发现事实现象背后的机理。2015年启动的"深度中国调查"计划便有了深度调查的自觉。正是因为这一自觉，使我们能够将深度调查中获得的新问题、新知识、新经验、新灵感与既有的理论相映照，从田野的角度回答政治学的基本理论问题。没有对农民自由意识持续不断地追问，便难以发掘出"东方自由主义"；没有对南方稻作区的调查，就难以揭示为"东方专制主义"遮蔽的水利自治；没有对农民关系社会的了解，便难以建构起"关系权"；没有对农民不断调整土地的追问，就无法想象出"祖赋人权"。这些理论尽管出自田野，但丰富了政治学理论体系，能够在政治学庙堂中获得一席之地。

（二）运用田野调查的方法自觉

田野政治学所指的田野，包括两层意思：一是农村；二是调查。田野政治学起源于作为研究对象的农村，并以田野调查为基础。可以说，没有田野调查，也就没有田野政治学。卢凌宇指出："田野调查是社会科学定性分析的基本方法之一，其根本特点是研究者与研究对象在后者的生活环境中互动。政治学田野调查的主要方法包括非参与式观察（主要是自然实验）、田野实验和访谈。田野调查的主要功能是数据搜集、概念创造、理论建设和理论检验。"[2] 其中田野实验方法在田野调查中具有非常重要的意义，田野政治学注

---

[1] 徐勇、邓大才：《政治学研究：从殿堂到田野——实证方法进入中国政治学研究的历程》，载邓正来、郝雨凡主编《中国人文社会科学三十年：回顾与前瞻》，复旦大学出版社2008年版，第269—287页。
[2] 卢凌宇：《政治学田野调查方法》，《世界经济与政治》2014年第1期。

重运用田野实验来探讨基层治理中的因果关系,"如果没有实验,田野政治学很难走向历史深处,走向社会根基,也就很难有之后的田野政治学自觉了"①。随着田野政治学的推进,田野调查也逐步扩展和深化,并取得了突出成效。

田野让我们转换了视角,发现了研究对象,也开拓了研究方法,这就是将实证调查方法引入政治学科。改革开放之初,中国的社会科学方法基本上是基于书本文献的研究。仅有的农村调查主要是为当时的中央农村政策提供依据。当我们将研究视角转入田野,将研究对象投入田野上的村民自治时,原有的方法已远远不够。因为,村民自治自兴起之后,便伴随着争论。村民自治愈是火爆,争论愈尖锐。理论上争论最有代表性的是,据说是化名沈延生的作者在很有影响的《战略与管理》杂志发表的五万多字长文,对村民自治持否定态度,其依据便是马克思、恩格斯、列宁、毛泽东和邓小平都没有说过。② 正是因为凡事都要从本本上找依据的方法,限制了学界对村民自治的研究。田野政治学便是从田野的路径研究现实政治。之所以要从田野的路径研究,在于仅仅通过文本的路径研究远远不够。

当我们进入村民自治领域时,就必须寻找新的研究方法,不能再限于理论文本研究。张厚安先生由此提出了"三个面向,理论务农"的口号,即强调走出校园书斋,面向社会、面向基层、面向农村,以理论服务农村改革,"理论工作者要研究、探索农村改革实践中出现的新问题,并将取得的理论成果用来为农村的深化改革服务"③。当时的张先生已年近七旬,还带头并与我们一同到全国各地调查。到20世纪90年代中期,田野调查提升为方法自觉。在1997年出版的"村治书系"的总序中,徐勇强调在研究方法上要追求"三实",即实际、实证和实验。其中,追求实际,即强调实际先于理论。我们不轻视理论,但反对从先验性的理论出发剪裁实际生活,特别强调实际调

---

① 徐勇、任路:《以现场实验为引导的田野政治学建构——基于华中师范大学四次政治实验的回顾与反思》,《广西师范大学学报》(哲学社会科学版)2021年第4期。
② 沈延生:《村政的兴衰与重建》,《战略与管理》1998年第6期。
③ 张厚安:《三个面向,理论务农:社会科学研究的反思性转换——华中师范大学中国农村问题研究中心20年回顾》,《华中师范大学学报》(人文社会科学版)2001年第1期。

查。任何理论观点都必须建立在充分扎实的社会调查基础之上。理论上的发言权也只能出自实际调查。追求实证，即强调事实先于价值。我们不否定价值取向，但在实际调查中坚决摒弃先入为主、以个人价值偏好取代客观事实的做法。我们不排斥"应该如何"，但首先要弄清"是什么"，突出动态的过程研究。追求实验，即强调实验先于方案。我们要解释世界，成为学者；也要改造世界，成为实践者。而改造世界的方案应该来自社会实验。通过实验，提炼和检验理论方案，使之具有可行性、可操作性和可预见性。[①]

田野政治学是从村民自治进入农村的。村民自治充满着争议和起伏。实证思维没有让我们为一时的争议和起伏而停止研究的步伐，而是尊重事实，以事实变化为依据，从而将研究一步步引向深入。田野政治学与其他政治学研究路径最突出的区别便在于进入田野，进行实地调查。如果没有这一基础，便不是田野政治学而是其他路径的政治学了。一开始与其他学者一样，从事政治学理论研究，使用的方法也一样，主要是规范的方法，依据的是文本。只是在从事农村农民问题研究之后，才开始进入田野，进行调查。因为要回答和解决农村农民问题，必须认识农村农民问题。认识的最好方法是调查。

一旦进入田野，研究者就能发现大量与书本不一样的事实。通过发现事实，政治学研究开始进入全新视野，走向本土化道路。这个过程是一步步展开的，也是一个从不自觉到自觉的过程。第一，将居庙堂之高的政治学引入处江湖之远的农村田野，过往不被重视的广阔田野上的民众生活及其政治行为成为政治学研究的对象。第二，要了解农民的政治行为，必须以实地调查为基本研究方法，强调"现场主义"。即与农民生活在一起，力图从农民的角度而不是从研究者的角度研究农民的政治行为及其支配逻辑。第三，不断深化调查，并形成调查自觉。即强调事实先于价值，在着力弄清"是什么"的基础上探讨"为什么"的问题。第四，在调查与研究中构建起学术分析视角与方法。方法论方面的底色决定特色、原点决定路径、原型规制转型。此外，还有研究范式方面的价值—制度范式、条件—形式范式。第五，在调查

---

① 徐勇：《〈村治书系〉总序》，载徐勇《田野与政治——徐勇学术杂论集》，中国社会科学出版社2009年版。

自觉中形成理论自觉。任何理论都基于事实，但任何理论都不可能穷尽事实。只有通过调查发现事实，才能在发现事实中构建原创性或独创性理论。

田野政治学以田野调查为基础并长期坚持。调查有一个不断深化的过程，并形成多类型多层次的调查方法。一是一般调查。一般调查是一种普遍性的调查。这种调查主要是对面上农村情况的了解，以获得整体性认识。中国地域辽阔，各地差异性大，只有通过一般调查才能了解普遍性和差异性问题。二是典型调查。典塑调查是根据一定标准选择若干村庄进行分类调查。这类调查的时间一般比较长，需要对一个点的情况进行全面了解。这种调查更深入，所获得的知识信息和了解的问题更多一些。三是参与式调查。参与式调查是指调查者不是旁观者，而是参与调查村庄的事务，了解调查对象的具体运行过程。由于作为当事人，可以切实感到问题的存在，切身体会事物的运转过程，并发现问题，特别是一些根本性的问题。比如"村治实验"便运用了参与式调查方法。四是跟踪调查。跟踪调查是指对已调查的点进行长期跟踪观察，以了解其变化过程，并不断发现新的问题和寻找回答问题的思路。五是深度调查。深度调查是指调查者根据调查目的对一个点进行深入的了解。这种调查要求调查者在调查点进行较长时间的调查，调查方式更加多样化，目的是将一个村的情况了解透彻，从而获得更多更深刻的认识。多类型多层次的调查使调查和研究从现实走向历史，从表象走向深层，不断提升对农村农民问题的认识。最终提出一些具有原创性的概念，产生一些有影响的成果，得益于调查方法的提升。

在田野调查中，我们不断发现新的问题，不断深化对问题的认识，使用的方法也越来越多，并有了方法论自觉。这种方法论自觉对于学术的原创性和持续发展具有重要意义。田野调查不是为已有的理论提供一个注脚，而是为了获得超越前人的基础。田野政治学得以作为有特色的研究路径，重要贡献之一便是在问题研究中内生出自己的方法。这些方法尽管有学习和借鉴，但都经过了消化和吸收，转换成自己独特的研究方法。

通过田野进行政治学研究已逐步成为共识。但是，田野研究所产生的成果质量与对田野的深度发掘相关。政治学要通过现象发现其背后的内在机理。这种内在机理掩藏在表象的深层。只有进入深层才能发现其事物的内在特性。

当下，华中师范大学中国农村研究院正在进行的"三百观察"（百村观察、百家社区观察、百个司法所观察）大型调查项目就是在已有基础上对田野调查的进一步深化和扩展。徐勇强调，进入21世纪，中国不仅要完成农业文明国家向工业文明国家的转变，而且要实现由一个地区性大国向世界性大国的变革，由此对农村调查提出了更高的要求和期待。在21世纪农村调查中，要加强基础性、学理性、区域性、系统性、主体性、传承性和比较性调查。[①]

（三）产生田野学派的学派自觉

一个学派的形成，是一个由不自觉到自觉的长期接续努力的过程。华中师范大学的政治学从村民自治研究开始，成为将政治学由殿堂引入田野的先行者，且一直将实证调查作为基本方法，从未中断，不断深化。田野政治学一开始并没有学派自觉，只是基于田野调查研究形成独特风格。经历了三十多年持续不断的田野调查和研究，随着近年来国家提出建设中国特色、中国风格、中国气派的哲学社会科学，学派自觉才得以萌生，政治学"田野学派"的雏形才开始显现。

社会科学是对人的研究，对人的研究也有不同路径。从政治学角度看，表现出两种取向：一是以抽象的人民整体为对象的制度建构；二是以历史与社会关系中的具体的人为对象的行为模式研究。政治学"田野学派"主要是后一种取向。在研究方法方面，该学派以田野调查为主要方法。方法服从于研究对象。要研究历史与社会关系中的具体的人及其行为模式，就要对具体的人及其处境进行实际考察，在大量调查基础上形成观点。

从根本上说，中国政治学的"田野学派"是生长在中国大地上的一个研究学派，是相对于传统政治学规范研究而言的。其主要使命是尽可能运用社会调查的方法，去发现大量被遮蔽或迅速变化着的事实现象，去寻找事实现象之间的联系，并通过这种联系进一步深化人们对政治问题的认识。它与规范研究尽管在出发点和方法上有所不同，但目的是一样的，都是为了推进政

---

① 徐勇：《历史延续性视角下中国农村调查回眸与走向——再论站在新的历史高点上的中国农村研究》，《吉林大学社会科学学报》2018年第3期。

治学科发展。它研究制度下的人，但不排斥制度，且将制度作为对人的研究的重要基点。①

随着政治学的恢复，政治学学者的视野开始从文本走了出来，运用社会调查的方法，关注"是什么"的问题。而村民自治研究能够持续地将政治学研究由文本带向田野。村民自治是中国农村改革中出现的一种新型制度。与其他制度不同，这一制度的实施者是亿万农民，因而又是全新的政治实践。对村民自治的研究，促使一些学者走出文本，深入农村田野。进入田野之后使得研究者发现大量与书本不一样的事实。从田野事实出发而不是从书本出发，极大地拓宽了政治学研究的视野。于是以历史与社会关系中的具体的人为对象，从事实出发的政治学"田野学派"呼之欲出！

学派是学术兴旺的标志，也是学术分工的要求。通过构建学派，可以在比较辨析中不断深入推进学科发展，提高知识增量，开拓认识视角。现代社会是一个分工和专业化的社会。只有通过专业化分工，才能将一件事做精。学术发展也是如此。更重要的是，由于中国政治学起步较晚，在相当长时间里主要是搭建学科建设的基本框架，还未形成自己的学术自主性。大量丰富生动的政治事实为既有的理论所遮蔽。只有借助从事实出发的研究方法，才能在发现事实中形成自己的原创性理论，强化学术自主性。政治学"田野学派"的崛起，有助于中国政治学的发展。

当然，学派的形成是长期努力的过程。作为成熟的学派，至少有两个标志。一是有源流。学派是对过往思想的传承，总要从过往思想中汲取营养。任何学问都不可能凭空而来，自说自话，总是在前人基础上有所前进、有所创造，这样的学派才会延续下去。因为后人总是在前人的思想中汲取知识和智慧源泉。二是有自己的核心观点和方法。学派具有相对性，总是相对某种理论或方法而言的。如经济学的"奥地利学派"强调市场的功能，注重理论建构；"芝加哥学派"认为政府也不可或缺，注重经验事实。学派不是帮派，也不是政治立场，而是以共同的学术观点和方法为纽带的学术共同体。只有建立在共同认可的价值和方法基础上的学派才能延续，并独树一帜。

---

① 徐勇、明海英：《基于田野实践构建中国政治学理论》，《中国社会科学报》2020年8月18日。

政治学"田野学派"有两个基本特点。一是在研究对象方面更关注整体性、一般性、抽象性之下的部分性、特殊性、具体性。不是从整体的、一般的宏观制度的角度研究政治问题,而是将政治问题置于特定的历史条件下进行具体分析。因此,在思想源流方面,特别重视马克思主义以历史与社会关系中的人为出发点,从自然历史进程中考察国家、国家治理及其相应的政治问题。二是在研究方法方面强调从事实出发,以事实为据,从事实抽象理论,从事实的关联性推导结论,而不是纯粹的理论演绎。因此,在思想源流方面汲取亚里士多德、孔德及行为主义从事实出发,以事实为据的方法。

学术是天下共享的公器。学派只是学人基于学术分工,相对偏重,扬长避短,多方着力,共同推动学术发展的需要。因此,学派有自己的相对独立性,同时也要并必须广泛汲取各种思想营养。政治学"田野学派"关注"形而下"的部分性、特殊性、具体性,但是以把握和了解"形而上"的整体性、一般性、抽象性为前提。如果不能从整体上把握和了解国家的一般特征,就很难了解和把握国家整体之下的部分的特殊属性。政治学"田野学派"强调从事实出发,以事实为据,但不排斥价值与规范,相反要在充分了解价值与规范基础上才能更好把握事实,认识事实,并通过掌握事实与既有理论对话。这样的从事实出发、以事实为据的研究才有价值,否则就只是事实的"搬运者",从而大大弱化研究功效。这恰恰是与从事实出发,以事实为据的学派追求的可靠性、可用性和准确性的目的背道而驰。

从根本上说,中国政治学的"田野学派"是生长在中国大地上的一个研究学派,是相对于传统政治学规范研究而言的。其主要使命是尽可能运用社会调查的方法,去发现大量被遮蔽或迅速变化着的事实现象,去寻找事实现象之间的联系,并通过这种联系进一步深化人们对政治问题的认识。它与规范研究尽管在出发点和方法上有所不同,但目的是一样的,都是为了推进政治学科的发展,可以说是殊途同归。它要研究制度下的人,但不排斥制度,且将制度作为人的研究的重要基点。[①]

[①] 徐勇:《政治学"田野学派"的崛起》,《政治科学研究》2018年卷上,中国社会科学出版社2018年版。

《政治学"田野学派"的崛起》一文是田野政治学进入自觉的标志。但人们对如何将田野与政治学关联起来的认识有所不同。只是由于长时间的积累,田野政治学的路径和身份已为学界所熟悉。2020年8月26日的《中国社会科学报》在头版刊登题目为《基于田野实践构建中国政治学理论》的长文,对于田野政治学的构建作了专门介绍。① 2020年9月,为了进一步强化学术标识,"田野政治学"公众号得以推出。这是"田野政治学"作为一种学术路径和认同这一路径的学术共同体的正式身份标识。为了使这一身份标识更为明确,相关人员经过讨论达成"田野政治学"的几项基本共识。

一是田野政治学要有明确的内涵和清晰的界定,简而言之即"有学术关怀的田野调查,以田野调查为基础的原创性理论"。首先,田野调查为学术研究的基础,这是一个基本共识。在这样一个共识之下,田野政治学可以分为不同的分支和主题。其次,田野政治学强调唯一性和不可替代性。要注意与实证政治学的关系。田野政治学更加强调田野的现场感和学术研究的田野思维,现场感提供学术研究的灵感,一手材料和田野思维,是学术研究的基础。在此要求下,田野政治学将是一个开放的学术共同体,并不局限于我们自己所做的调查及研究。最后,田野政治学一定不能忘记政治学的学科属性。我们做了大量调查,比如家户制,积累了数亿字的家户口述材料,如果不能提炼到国家形态的层面上,就没有学科属性,这一点恰恰是大有开拓余地的。我们要用政治学的概念做研究。

二是政治学"田野学派"强调理论的源头在于田野,要从田野实践中去发现和研究问题并建构理论。它要以事实现象为依据,同时又要善于发现事实现象背后具有普遍性的逻辑,在此基础上建立起超越一定事实现象的、具有共享性和普遍性的分析范式。下一步的研究重点是对调查材料进行深度挖掘,将调查材料理论化,从调查中提炼出具有普遍性的理论。由经验到理论,将经验与理论融为一体,中间存在多种联结机制,需要足够的理论和方法才能对事实进行精细加工,并从事实中提炼理论。周平教授指出,田野政治学的学术自觉,不仅体现出独特的学术视野和学术远见,而且体现为农村问题

---

① 徐勇、明海英:《基于田野实践构建中国政治学理论》,《中国社会科学报》2020年8月18日。

研究柳暗花明又一村，实现了农村问题研究的升级换代，对构建中国政治学学术体系做出了恰当而有效的回应。这也是中国政治学发展的新方向。①

二 田野政治学的建构

田野政治学在发展过程中为建构具有中国特色的概念、命题、理论和话语做出了积极贡献，提出了一些为学界接受并产生重大影响的概念和理论，并通过话语建构形成了一些可以与西方政治学理论对话的学术命题。我们需要对田野政治学在学术建构方面所做的努力进行一个较为全面的分析，从而有助于人们更直观地认识田野政治学为提升当代中国政治学研究的主体性、学理性和原创性所做的努力。

（一）概念建构

在相当长时间里，田野政治学研究的表达方式与常规研究一样，主要是叙事。其论著主要是叙述式的，即对研究对象的描述性表达。② 做田野政治学，需要去了解田野事实，但了解之后，对事实不能一个个地阐述，不能一直"讲故事"，而是需要用概念进行阐释和概括。③ 在田野调查的基础上发现事实，以事实发现既有理论的限度，这是必要的但也远远不够。学术研究一方面要发现新的事实，另一方面更要对大量社会事实现象进行归纳总结，提炼出新的概念。因此，在田野调查的基础上，"以具体、丰富、鲜活的事实为依据，在与既有知识进行对话、反思既有认知的基础上，通过知识再动员和逻辑再建构，提炼出新的概念，形成学理化的表达，是田野政治学的概念建构路径"④。

---

① 周平：《把握田野政治学的丰富内涵》，《中国社会科学报》2020年8月18日。
② 如张厚安主编的"中国农村基层政权"系列丛书（1992）、徐勇《非均衡的中国政治：城市与乡村比较》（1992）以及《中国农村村民自治》（1997）等。
③ 徐勇、郭忠华：《政治学概念建构的意识与方法——基于田野政治学的视角》，《天津社会科学》2022年第1期。
④ 陈军亚：《从感觉到自觉：田野政治学的概念建构路径——以"韧性小农"概念建构为例》，《天津社会科学》2022年第1期。

1. 乡政村治

在田野政治学发展的早期,"乡政村治"是在田野调查基础上提出的非常具有代表性的概念。"乡政村治"最早由华中师范大学张厚安先生提出,他认为:"'乡政村治',乡政指乡一级政权(包括镇政权),是国家依法设在农村最基层一级的政权组织;村治指村民委员会是农村最基层的群众性自治组织。乡镇政权和村民委员会的结合,就形成了当今有中国特色的农村政治模式。"在他看来,"'乡政村治',乃是在治理乡村过程中形成的一种政治格局,它是我国社会主义的上层建筑并同为社会主义经济基础服务。'乡政'以国家强制力为后盾,具有高度的行政性和一定的集权性;'村治'则以村规民约、村民舆论为后盾,具有高度的自治性和民主性。就村治对乡政的作用而言,村治是乡政的基石"[①]。"乡政村治"的提出大大提升了田野政治学学者在政治学研究领域的影响,也为田野政治学的概念建构奠定了基础。同时,伴随着时代发展,"乡政村治"模式的局限性也更加明显,于是又在实践中形成了"乡村民主自治""村社协同"等模式。[②]

2. 农民理性扩张

在中国从落后的农业国家发展成"世界工厂"的进程中,农民工功不可没。徐勇早在20世纪90年代便开始了对农民工的调查,发现农民工的生存逻辑与书本上的观点有很大不同。他们主动要求加班加点,每天工作达16个小时,目的是多赚点钱。他们的行为不仅改变着自己,也改变着家庭的命运。支配他们行动的逻辑是长期农业社会形成的理念,这种理念因为在工业社会能够获得更大收益而形成理性的扩张。农民工这一称呼本身就体现了两种社会交替时期的要素叠加的特点。他们是"中国奇迹"的创造者,只是没有人从理论上加以概括。徐勇通过"农民理性扩张"这一概念来概括农民工的创造及其行为逻辑。[③] 这也是田野政治学将历史与社会关系中的具体的人及其

[①] 张厚安:《乡政村治——中国特色的农村政治模式》,《政策》1996 年第 8 期。
[②] 南刚志:《中国乡村治理模式的创新:从"乡政村治"到"乡村民主自治"》,《中国行政管理》2011 年第 5 期;吴理财:《中国农村社会治理 40 年:从"乡政村治"到"村社协同"——湖北的表述》,《华中师范大学学报》(人文社会科学版)2018 年第 4 期。
[③] 徐勇:《农民理性的扩张:"中国奇迹"的创造主体分析——对既有理论的挑战及新的分析进路的提出》,《中国社会科学》2010 年第 1 期。

行为模式作为研究对象的学术自觉的起点。

3. "家户制"与"家户国家"

中国数千年来都是以一家一户为基本单位。农村改革的核心内容便是包产到户，实行以家庭为单位的责任制。我们开展农村调查，用的是"进村入户"方法。在这一过程中，徐勇用"家户制"概念来概括中国农村社会的基本特性，以与西欧的庄园制、俄国和印度的村社制、非洲的部落制相区别。[①]中国不仅创造了灿烂的农业文明，也创造了世界上特有的农村基础制度。中国这个国家就是由无数个家户组合而成的。邓大才、任路、黄振华、陈明等人将家户制这一概念延伸到政治学领域，提出了"家户国家"的概念，将"家户"作为国家治理和国家治理现代化的基础。[②]

4. 小农韧性与韧性国家

中国在历史上长期是以家户小农为基本单位的。小农既有规模小而产生的脆弱性，也有在艰难困苦环境下顽强生存发展的韧性，只是后者在理论上被遮蔽了。在大规模田野调查中感受和体验了小农自强不息的坚韧性。之后，在深度田野调查基础上陈军亚提出了"韧性小农"的概念。[③]这种坚韧性来自农民对自由的理解。近代西方强调自由即权利，是人应当拥有的。而传统中国农民理解的自由是责任。只有履行对家庭、对祖先、对国家的责任才能达到自由状态，强调的是付出与收获的对等性。正是这种生生不息的责任支撑着一个大型文明体的延续，也形塑了中国的特性，即韧性国家。[④] 西方政

---

① 徐勇：《中国家户制传统与农村发展道路——以俄国、印度的村社传统为参照》，《中国社会科学》2013年第8期。

② 邓大才：《国家治理视角下的家户功能及中国经验——基于"深度中国调查"材料的认识》，《政治学研究》2018年第4期；黄振华：《"家国同构"底色下的家户产权治理与国家治理——基于"深度中国调查"材料的认识》，《政治学研究》2018年第4期；任路：《"家"与"户"：中国国家纵横治理结构的社会基础——基于"深度中国调查"材料的认识》，《政治学研究》2018年第4期；任路：《家户国家：中国国家纵横治理结构的传统及其内在机制》，《东南学术》2019年第1期；黄振华：《家户制与家户国家：中国国家形态的一个解释框架》，《东南学术》2021年第5期；陈明：《当代中国国家现代化进程中的家户基础》，《华中师范大学学报》（人文社会科学版）2022年第4期。

③ 陈军亚：《韧性小农：历史延续与现代转换——中国小农户的生命力及自主责任机制》，《中国社会科学》2019年第12期；陈军亚等：《小农韧性与韧性国家》，载《政治科学研究》2020年卷下，中国社会科学出版社2021年版。

④ 陈军亚：《家户小农：韧性国家的历史社会根基》，《学海》2021年第1期。

治学学者用"威权韧性"来概括中国，不仅带有极大的偏见，而且缺乏对韧性的进一步解释，没有认识到中国的国家韧性有深厚的历史和社会根源。

5. 祖赋人权与历史权利

在南方农村调查时我们发现大量地方还保留着祠堂，一个村的人围绕祠堂而生存，所有村民都是同姓。他们凭借着与同一祖宗的联系而获得相应的资格、权利、地位和责任。这种现象是近代西方政治学流行的"天赋人权"这一概念无法概括的。为此，徐勇用"祖赋人权"这一概念加以概括。① 这一概念强调人的权利不是建构的，而是历史形成的。人是历史与社会关系中的人，人的权利与历史有极强的关联。"祖赋人权"意味着过去、现在与未来的联结。只有对历史做出贡献才能取得相应的资格和权利。这种权利是历史权利，也是集体权利；是个人权利，也是个人责任。

田野政治学对本土概念的挖掘进一步坚定了徐勇"用中国事实定义中国政治"② 的决心。田野政治学在概念建构方面已经走出了坚实的步伐，利用田野调查获得的原汁原味的中国经验提出了若干已经在学界产生重要影响的概念，并形成了概念建构的自觉。景跃进教授指出，徐勇教授系统建构的田野政治学概念能否经得起时间的考验，现在尚不能做出最终判断。不管结果如何，其概念建构的努力值得充分肯定。③ 郭忠华教授认为，从中国事实出发，从本土政治概念与政治学的概念之树的关系角度衡量，田野政治学尽管完全立足于本土事实，但它为后者开辟了一个新的知识领域，使政治学的概念之树上生长出一个基于田野经验的概念分支。这一分支的果实尽管最初主要来自中国，但也可以为其他国家的田野政治提供启示，并为它们所补充和更新。从这一角度而言，它不仅有助于促进本土政治学概念体系的构建，增强中国政治学的自主性，而且有助于国际社会更好地理解中国。④

---

① 徐勇：《祖赋人权：源于血缘理性的本体建构原则》，《中国社会科学》2018年第1期。
② 徐勇：《用中国事实定义中国政治——基于"横向竞争与纵向整合"的分析框架》，《河南社会科学》2018年第3期。
③ 景跃进：《中国政治学理论建构的若干议题——田野基础、历史脉络与创新维度》，《华中师范大学学报》（人文社会科学版）2021年第4期。
④ 郭忠华：《本土政治概念建构的三种进路——基于"概念之树"的视角》，《探索与争鸣》2022年第6期。

(二) 理论建构

理论是以特定概念、命题、原理和价值为基础建立起来的一种抽象的知识体系。田野政治学在实现了由"殿堂"到"田野"的同时,也需要从"田野"走向"殿堂",将实践经验上升为理论。因此,田野政治学不仅要关注"是什么",更要解释"为什么"。要贡献出中国自己的学术理论,必须要根据中国实践和中国经验,突破固有的思维方式、研究范式和话语体系,进行政治学研究范式的创新。[①] 田野政治学从中国事实出发建构了一系列独具中国特色的政治学理论,从而极大地提升了该研究路径在国内学术界的影响。

1. "草根民主"理论

如果说市民改变了西方国家,那么,农民则改变了当代中国;在农民群众和基层干部构成的基层社会的推动下,超越了农民政治行为的经典模式,形成了特有的创造性政治。这是中国实践和中国经验对人类政治发展进程的重要贡献,同时也需要创造新的理论,特别是对新的分析范式加以概括和解释。[②]

人民公社体制废除后,在农村基层实行什么样的治理体制存在争议。一种思路是加强自上而下的行政管理;另一种思路是强化村民自治。后者以当时的全国人大常委会委员长彭真为代表。在彭真看来,10亿人民如何行使民主权利,当家作主,这是一个根本问题。其最基本的两个方面是:一方面,10亿人民通过他们选出的代表组成全国人大和地方各级人大,行使管理国家的权力;另一方面,在基层实行群众自治,群众自己的事情由群众自己依法去办,由群众自己直接行使民主权利。[③] 由于中国农村村民自治能够较为充分地体现民主化、制度化的基本精神,一经出现便显示出生命力,便成为国

[①] 徐勇、慕良泽:《田野与政治:实证方法的引入与研究范式的创新——徐勇教授访谈》,《学术月刊》2009年第5期。

[②] 徐勇:《农民改变中国》,中国社会科学出版社2012年版。

[③] 彭真:《通过群众自治实行基层直接民主》,《彭真文选》,人民出版社1991年版,第607—608页。

家法律制度安排和群众自主参与、上下结合的民主实践活动。① 在深入考察村民自治这一具有中国特色的民主形式的基础上，徐勇提出了"草根民主"的理论。之所以将村民自治定义为"草根民主"，就在于它有根基，是内在于中国社会土壤的民主。它植根于社会经济和心理结构之中，使民主的理念得以深入广大的农村民众。村民自治只是社会形态的民主，而不是国家形态的民主。村民自治的形式示范效应远远大于其实质性。②

实际上，村民自治最重要的价值就是在民主化进程中，建立起一系列民主规则和程序，并通过形式化民主训练民众，使民众得以运用民主方式争取和维护自己的权益，从而不断赋予民主以真实内容。一旦仪式固化为习惯，成为日常的生活方式，民主才是真正不可逆转的。随着经济文化的发展，民主化的外部条件日趋成熟，民主化进程便可以顺利实现由形式到实体的转换。③ 进入21世纪之后，徐勇及其研究团队对村民自治在内的基层民主问题进行了大量研究，出版了《基层民主发展的途径与机制》《中国农村村民自治有效实现形式研究》《乡村治理的中国根基与变迁》等著作，④ 发表了大量论文，不断深化了村民自治研究。

作为一种民主形式的村民自治生不逢时，其成长过程正是中国"三农"问题最为突出的时期，村民自治的弱小性和粗糙性暴露无遗，选举导向的"草根民主"遭遇挫折，甚至水土不服。民主的话语让位于治理的话语，村民自治的话语让位于乡村治理的话语。强调治理，但无须将民主与治理割裂开来，更不能对立起来。中国的治理最鲜明的特征之一是体现人民主体地位。人民中心不过是民主的另一种表述。离开了人民主体和人民中心的治理并不是理想的治理，甚至可能是"恶治"。因而在经济社会发展中要"找回自治"并"回归自治"，不断探索村民自治的有效实现形式，建构多层次、多类型、

---

① 徐勇：《中国农村村民自治》，华中师范大学出版社1997年版，第4页。
② 徐勇：《草根民主的崛起：价值与限度》，载徐勇《中国农村村民自治》（增订本），生活·读书·新知三联书店2018年版，第225—233页。
③ 徐勇：《中国民主之路：从形式到实体——对村民自治价值的再发掘》，《开放时代》2000年第11期。
④ 徐勇等：《基层民主发展的途径与机制》，北京师范大学出版社2015年版；徐勇主编：《中国农村村民自治有效实现形式研究》，中国社会科学出版社2015年版；徐勇：《乡村治理的中国根基与变迁》，中国社会科学出版社2018年版；等等。

多样式的村民自治体系。① 实际上，对于村民自治而言，民主与治理并不是分离和对立的。无论是基层民主，还是有效治理，最终都要体现为广大村民根本利益的实现，都要求作为政治主体的广大村民的积极参与。②

在中国，市场化进程容易，民主化进程艰难，后者的制约因素更多，且不同国家有不同的实现形式。中国特色社会主义民主政治仍然是一个有待探索的课题，村民自治只是一个小小的实验，但其中内蕴的基本价值则具有穿越时空的意义。

2. "农民性"理论

21世纪第一个十年，中国迅速崛起，创造了经济发展的"中国奇迹"。要理解"中国奇迹"，必须理解中国农民；要理解农民，必须理解"农民性"。基于田野调查的资料，徐勇提出了"农民性"理论。

在田野调查的过程中，徐勇首先提出了"社会化小农"的概念。农户是认识农业、农村、农民的钥匙，是理解和分析小农社会的基础。当今中国农村和农民处于一个社会化程度高、经营规模相对较小，且将长期存在的"社会化小农"时期，它有别于传统小农、商品小农和理性小农。这一时期是农户内部急剧变化，农民打破思维定式、突破身份歧视、冲破地域束缚演化成为社会化、公民化的国民体系成员，获取国民待遇的关键时期。"社会化小农"的性质、时期、形态定位，将为政府对农民国民待遇的制度安排、农村社会化服务体系建设等政策选择提供充分的理论依据。③

与此同时，随着田野调查的深入，逐渐发现传统社会中的理性小农也在现代化的过程中发生了转变，于是徐勇提出"农民理性扩张"这一概念来进行分析。在改革开放前，中国主要是农业社会。农民理性与农业社会是相匹配的，其作用也是有限的，主要适应于生存的需要，或者说是生存理性。改革开放后，中国走向工商业社会，二元经济结构不仅更为明显，更重要的是

---

① 徐勇、赵德健：《找回自治：对村民自治有效实现形式的探索》，《华中师范大学学报》（人文社会科学版）2014年第4期；汤玉权、徐勇：《回归自治：村民自治的新发展与新问题》，《社会科学研究》2015年第6期。
② 徐勇：《民主与治理：村民自治的伟大创造与深化探索》，《当代世界与社会主义》2018年第4期。
③ 徐勇、邓大才：《社会化小农：解释当今农户的一种视角》，《学术月刊》2006年第7期。

处于结构性开放状态，农民可以自由跨越经济结构，向非农领域流动。农民面对的工商业社会是一个全新的世界。在别国已成熟的工商业社会及其理性原则，对于中国农民则十分陌生。而农民闯入或者卷入这一陌生世界之时，仍然会按照其在农业社会形成的理性行事。农民理性的优质因素与现代工商业社会的优质因素的有机结合，会释放出传统农业社会和现代工商业社会都未有的巨大能量，产生"叠加优势"。农民理性正是在这一起承转合的历史关节点上得以扩张，由生存理性扩展为发展理性，从而成就了"中国奇迹"。① 由此，农民这一具体的行为主体与国家进程被联系起来。

然而要理解中国社会的稳定性和延续性，单靠农民理性是难以解释的，于是在田野调查基础上又提出了"韧性小农""家户小农"等概念。小农户有其脆弱性的一面，但更有顽强的生命活力，表现为一种有内在发展动力，能够灵活适应外部环境，不断吸纳外部能量，从而实现再生和延续的韧性，是一种"韧性小农"。② 同时在家户制传统下，也形成了家户小农的特点，具有韧性特质的家户小农，为国家形态的演进提供了延续和稳定的机制，包括小规模生产的适应机制、对国家政权低度依赖所形成的自组织机制、基于血缘延续的稳定机制等。③

实际上，田野调查基础上提出的"社会化小农""韧性小农""家户小农""农民理性的扩张"等概念归根结底其实都是对"农民性"某一方面的表达。整个 20 世纪，可以说是一个国家改造农民社会的世纪。现代国家对农村社会的整合，从根本上说是对"农民性"的改造，以使具有深厚历史根基地分散农民能够与现代社会连为一体，成为现代国家组织体系的成员。乡村整合既是国家意志的产物，也包括农民的反应，是国家与农民的互动过程。首先，农民作为具体的人，受生存理性的支配；其次，来自农民经验的悠久乡村传统具有强大支配力；再次，现代化的社会动员赋予农民的主体性和反

---

① 徐勇：《农民理性的扩张："中国奇迹"的创造主体分析——对既有理论的挑战及新的分析进路的提出》，《中国社会科学》2010 年第 1 期。
② 陈军亚：《韧性小农：历史延续与现代转换——中国小农户的生命力及自主责任机制》，《中国社会科学》2019 年第 12 期。
③ 陈军亚：《家户小农：韧性国家的历史社会根基》，《学海》2021 年第 1 期。

抗权利；最后，市场化和社会化催生了农民的现代性。① 因此，在现代国家建构的过程中，农民的国家化和国家的农民性是一个双向和变动的过程。理解了中国在现代国家建构进程中的"农民性"，才能对中国的历史与现实有一个更加准确的把握。

3. "国家化"理论

国家化的概念出于现代国家理论，具有鲜明的现代取向。徐勇试图通过这一概念来解释和理解20世纪以来的国家形态转变，并将"三农"问题的解决和乡村治理的转变置于这一框架之中，从而建立起田野基层与国家上层的关联。在概念建构的过程中，也形成了田野政治学中的"国家化"理论。

自20世纪80年代开始，中国进入大规模现代化进程之中。现代化在政治领域的反映，便是现代国家的建构。西方在现代化进程中处于领先地位，并形成了比较系统的现代国家理论。随着对外开放，现代国家理论也传入中国学界。这一理论对于理解现代化进程中的中国政治具有启发意义，但也存在一定限度。早在2003年发表的《现代国家建构中的非均衡性和自主性分析》一文中，徐勇就提出了"国家化"的概念。文章指出：在现代政治共同体中，国家无疑居于中心地位。这是由现代化造成的。以往，人们理解现代化仅仅是从时间上度量，很少关注空间因素。其实，现代化不仅是由传统农业社会向现代工业社会的转变过程，而且是由一个分散、互不联系的地方性社会走向现代整体国家的过程，这就是国家化，或者说国家的一体化。国家化作为一个过程，标志着国家整体和代表国家主权的中央权威日益深入地渗透于主权国家领域，并支配整体社会。②

从田野中观察国家，使我们发现传统国家在各个地方的表现有很大的差异性，有的直接受到国家权力的支配，还有相当多的地方，国家权力若有若无。中国正是在这样的基础上进行现代国家建构，其路径和方式有很大差异。中国的现代国家建构与西欧有很大差别：一是中国的现代国家建构之前，已存在完整的国家形态，国家权力机器发达。而西欧的现代国家建构是建立在

---

① 徐勇：《国家化、农民性与乡村整合》，江苏人民出版社2019年版。
② 徐勇：《现代国家建构中的非均衡性和自主性分析》，《华中师范大学学报》（人文社会科学版）2003年第5期。

封建社会的"空地"上,权力主要散落在封建领主庄园中。现代国家建构就是将分散的权力集中于国家之手。二是中国很早就有了地域辽阔的政治统一体,国家通过中心权力对其他地域进行渗透和整合。从国家一出现,便开始了这一过程。而西欧只是随着封建社会的替代才建立起统一的国家,并有了国家权力向社会的渗透。从比较分析的维度来看,不仅根据西欧经验形成的现代国家建构理论不适用于中国实际,而且之前基于现代国家建构理论形成的"国家化"概念也存在缺陷。

于是,对原有的"国家化"理论加以扩展,这就是"国家化"不仅存在于现代国家建构时期,而且存在于自国家产生之后。当氏族社会为国家所替代,便开始了将不同于民族性的国家性扩展到国家地域的进程。在《国家化、民族性与区域治理——基于历史中国经验的分析框架》一文中,徐勇对"国家化"做了新的界定:"国家化是人们超越血缘氏族组织,设立国家政权并利用国家政权的力量推动组成社会的人们获得国家性的过程。包括人们由一般的社会成员成为国家居民的过程和人们在国家权力体系中获得其地位的过程。这一过程体现为国家整合或者国家的一体化,即将异质化的人群整合到国家体系中,并获得国家的统一性。国家化是一个历史过程概念,有助于认识国家演化的过程性、层次性和类型性。它包括两个不可分离的过程:一是人们从社会走向国家,以国家形态存在的过程;二是国家政权将人们整合到国家体系中的过程。国家化是对国家性的过程概括。"[①] 将与现代国家建构相提并论的"国家化"扩展到国家一产生便开始有了"国家化",更具有包容性,也更能解释中国的国家进程。在中国,现代国家建构是在一个农民人口占多数的社会基础上开启的,这决定了中国的现代国家建构具有自身的特点,如何处理与农民的关系成为最突出的任务之一,并构成了复杂的政治过程。这一思想集中体现在《国家化、农民性与乡村整合》一书中。

"国家化"如今已经成为田野政治学的一种理论与方法。"'国家化'理论作为以中国现代国家建构历程为对象的田野政治学研究,形成对现代国家

---

① 徐勇、叶本乾:《国家化、民族性与区域治理——基于历史中国经验的分析框架》,《广西大学学报》(哲学社会科学版) 2020 年第 4 期。

理论的反思,同时,'国家化'理论建立起国家与农村关系研究的基本维度和路径方法,对当前农村研究有着启发意义。"① 通过这一理论与方法有助于从政治学的学理上回应现代化与农村农民关系的课题,研究处于自然状态下的传统农村农民,如何转变为国家形态下的现代农村农民,其间有哪些机制和方式,会产生什么反应,由此可以进一步开拓和丰富现代国家建构理论。毕竟丰富的中国事实和经验是原有的理论所没有和难以概括的。基于中国事实和经验,可以对原有理论进行原创性开拓。

4."家户"理论

农民特性不是与生俱来的,也不是永远不变的,它是历史与社会关系的产物。而特定的历史和社会关系会以相应的组织形态表现出来。中国农民的创造性、理性、韧性来源于家户制度。田野政治学以"包产到户"为线索,在理论争论的背景下进行实地调查,将"一家一户"问题学理化,建构起家户制这一农村本体制度。通过"家户制"这一钥匙,可以深度理解农民行为,理解中国农村社会,进而理解中国的国家特性和进程。田野政治学的一个重要贡献,就是创建了"家户制"这一学术概念,并将其带入中国的文明和国家进程研究,进行理论表达。"家户"理论是田野政治学理论构建中的一个重要理论,其理论基础是中国在传统社会中形成的家户传统,以及在此基础上形成的家户小农和家户国家。②

在东方国家的本源型传统中,不同于俄国和印度的村社制,中国是家户制,并在此基础上形成独特的中国农村发展道路。在中国农村发展进程中,尽管家户制一度被抛弃,但仍构成当下及未来农村发展的制度底色。在当下及未来的中国农村发展中,需要高度重视和深入挖掘这一基础性制度和本源型传统,在传统与现代之间建立起必要的关联,才能形成具有中国特色的发展道路。③ "家户制"的提出不仅是农村研究基础理论领域的一个重要进展,

---

① 吴春来:《农民、政治与国家——田野政治学与"国家化"理论述评》,《政治科学研究》2019年卷下,中国社会科学出版社2020年版。
② 徐勇:《田野政治学的构建》,中国社会科学出版社2021年版,第151页。
③ 徐勇:《中国家户制传统与农村发展道路——以俄国、印度的村社传统为参照》,《中国社会科学》2013年第8期。

更重要的是将家户带入中国国家进程的研究,从而将田野与政治学直接联系起来。

2015年华中师范大学中国农村研究院启动的"深度中国调查"中专门设计了以家户为单位的调查,并在深度田野调查的基础上丰富了"家户"理论。任路的研究认为,与西方国家基于"庄园制"的国家横向治理结构原型及其演化逻辑不同,中国的国家治理表现为纵横治理结构,这种结构原型来自本源性的"家户制"。① 在此基础上,任路提出了"家户国家"的概念,他认为与"郡县国家"侧重于宏观制度框架相比,"家户国家"突出中国传统社会的国家治理结构来自小农社会的底色,将"家"与"户"两个不同性质的单元合为一体,形成以"家"为基点的国家横向治理结构和以"户"为基点的国家纵向治理结构,构成传统国家纵横治理结构的社会根基。② 近代以后,随着个体主义的兴起和政府权力的介入,典型意义上的家户国家趋于消解。然而,作为一种重要的文化模式或制度"基因","家户制"并不会被完全取代,而是在相当程度上延续,并成为影响中国国家与社会治理的重要因素。③ 从传统中国的社会根基来看,中国的历史也是在家户小农的社会基础上长期演化发展而来的。作为基本政治社会单位的家户小农,国家韧性也是从小农韧性中生长出来的。④ 而"家户国家"和"家户小农"也构成了"家户"理论中的重要分析概念。

当然,"家户制"是在中国历史进程中产生,并发生变化的。中国农村社会组织制度经历了传统家户制、公社制、家庭承包制的依次变迁。这三种制度的公平与效率的表现形式不一,分别表现为"有效率缺公平""强公平弱效率""强效率弱公平",由此导致农村社会持续不断又环环相扣的制度变迁。伴随现代化进程,需要在历史延续性基础上建立现代家户制,以"提效

---

① 任路:《"家"与"户":中国国家纵横治理结构的社会基础——基于"深度中国调查"材料的认识》,《政治学研究》2018年第4期。
② 任路:《家户国家:中国国家纵横治理结构的传统及其内在机制》,《东南学术》2019年第1期。
③ 黄振华:《家户制与家户国家:中国国家形态的一个解释框架》,《东南学术》2021年第5期。
④ 陈军亚:《家户小农:韧性国家的历史社会根基》,《学海》2021年第1期。

率增公平"①。与此同时，家户制传统同当前中国农村市场化进程很好地嵌入在一起，呈现出明显的家户主义形态，形塑着当前中国农村治理与政治实践，具体表现为：在当代农村社会中，农民的基本行动与认同单位仍然是家户，其行为动机是追求家户利益，奉行家户利益至上，在形态上表现为家户主义；这种家户主义逻辑，形塑了当代中国农村治理与政治的基本形态。②

"家户制"的提出不仅是农村研究基础理论领域的一个重要进展，更重要的是将家户带入中国国家进程的研究，从而将田野与政治学直接联系起来。"家户"理论是理解中国文明和国家进程的一把钥匙，可以通过家户制发现中国特性。

5. "关系"理论

田野调查要求研究者进入田野现场，并理解田野现场中的人。农民经常使用"找关系""有关系""关系好"，重要原因在于关系即权力，权力在关系中。这类现象可归纳为"关系权"。血缘关系和农业文明是中国历史进程的基本底色。从实证调查看，传统农民并非孤立地存在。其生产生活必须借助关系而进行，由此形成"关系社会"，并孕育出"关系政治"。私人领域的人际关系与公共领域的社会关系相互重合和延伸，是中国社会的重要特点，以至于在现代社会生活中仍然大量存在借助特殊关系获得特殊权力的现象。"关系权"的重要特点是主体并不直接占有，而是借助关系获得权力资源，因此是一种特殊类型的权力，犹如"话语权"。将"关系权"作为一种分析工具，可以理解权力在不同社会形态中的运行过程和互动关系。③

随着田野调查的深入，我们发现农民生活在由各种关系叠加的社会之中。农民社会简直是一个"关系社会"。中国村庄的名字大多是由姓和地构成，体现的是血缘关系与地域关系。这是农民生活的基本关系。除此之外，还有各种各样的关系形态。古老的血缘和地域关系与不断扩展的社会关系交织在

---

① 徐勇、张茜：《公平与效率：中国农村组织制度变迁的内在机理》，《探索与争鸣》2016年第6期。

② 陈明：《家户主义：中国农村治理的逻辑与底色》，《马克思主义与现实》2018年第6期；陈明：《家户主义的行为逻辑及其公共治理》，中国社会科学出版社2018年版。

③ 徐勇：《"关系权"：关系与权力的双重视角——源于实证调查的政治社会学分析》，《探索与争鸣》2017年第7期。

一起，成为农民行为的支配性因素。正是基于此，徐勇提出了"关系叠加"理论。①

在田野调查的基础上，充分吸收已有的学术资源，对关系理论进行了自我构建。关系主要是基于人与人之间的社会联结。个人只有在与他人的联结中才能形成关系。随着联结的扩大，关系日益丰富。人类最初，甚至是唯一的社会关系是血缘关系，产生的是以血缘关系为纽带的民族组织。这是人类社会的出发点。之后，因为地域相近而产生的交往，将不同的血缘关系的人联结起来，并形成地域关系。利益的分化一方面造成氏族组织的解体；另一方面产生人们之间的利益冲突，从而形成用于调节社会冲突的国家。在共同的相近的地域内生活着不同的民族人群，并形成民族关系。在相当长的时间里，人们生活在互不联系的地方，国家只是地域性国家。只有到了近代，人类进入互相联系的"世界历史"进程中，从而产生了世界关系。国家存在于世界整体之中。但是，在长期历史中形成的人与历史的关系仍然影响着一个国家的存在和延续。

正是基于不同的关系会产生不同的国家形态，徐勇提出了"关系决定国家"的命题，"正是在关系决定国家以及国家创造和处理关系的过程中，形成了关系与国家的互动"②。中国的国家成长是在其赖以存在的历史条件下内生演化出来的。血缘关系与地域关系的叠加，使得中国的国家成长不是在旧的关系形态被"炸毁"的形态下进行，而是旧的社会关系与新的社会要素相互纠缠。为了代替旧的办法，经历了顽强而长久的斗争，从而实现了中国国家成长的三次大突破。③

"关系叠加"使得社会关系不是一种新关系替代一种旧关系，而是新的关系与旧的关系相互叠加，此消彼长。由社会联结构成的关系、因为社会联结的扩展造成的关系扩展、在关系扩展中出现的关系叠加，这是我们提出的

---

① 徐勇：《关系中的国家》第一卷，社会科学文献出版社2019年版；徐勇：《关系中的国家》第二卷，社会科学文献出版社2020年版。
② 徐勇：《关系中的国家》第一卷，社会科学文献出版社2019年版，第46页。
③ 徐勇：《中国的国家成长"早熟论"辨析——以关系叠加为视角》，《政治学研究》2020年第1期。

一种关系理论,并运用这一理论解释国家的演化,多卷本的《关系中的国家》就是对该理论的集中论述。多卷本的《关系中的国家》旨在运用关系理论来解释中国国家演化。这一理论汲取了马克思主义关于人的本质是社会关系的总和及客观的现实关系决定国家政权的思想,但又在此基础上进行了发展,形成了由关系、关系扩展和关系叠加等核心元素构成的一个关系理论体系。①

(三)话语建构

任何一个学科,都必然要用自己的学术语言加以表达。只有通过话语表达,才能让人们学习、接受、理解表达者的意思,并产生具有引导性、规范性的影响。田野政治学通过概念建构和理论建构的过程也逐渐形成了话语建构的自觉。尤其是在概念和理论建构的过程中,注重用中国的事实建构中国的理论,并在此基础上与西方政治话语进行对话。面对中国实际和经验,从中国实际和经验中建构概念,使得田野政治学的知识体系中具有愈来愈多的"中国性",一定程度上能够解决我们在政治学话语建构中"有理说不出、说了传不开"的被动局面。

1. 以"家户制"对话"村社制"

不同的基本单元决定了不同的社会组织方式,并形成特定的基础性社会制度。由于历史社会条件的差异和时空的变换,世界范围内形成了不同的基础性组织制度,典型的包括俄国和印度的"村社制"、西欧中世纪的"庄园制"、游牧民族的"部落制"以及中国的"家户制"等。② 根据田野调查和历史研究,徐勇提出了"家户制",即以家户为基本组织单位的制度。这一概念具有相对性,是相对于"部落制""村社制"和"庄园制"等概念而言的。在东方国家的本源型传统中,不同于俄国和印度的"村社制",中国是"家户制",并在此基础上形成独特的农村发展道路。其中包括:以家户经营为基础的农业经营组织,家户内部农工商结合基础上的农工商互补经济,家户互

---

① 徐勇:《田野政治学的构建》,中国社会科学出版社2021年版,第351—352页。
② 徐勇、张茜:《公平与效率:中国农村组织制度变迁的内在机理》,《探索与争鸣》2016年第6期。

助合作基础上的农村合作形式,家国共治基础上的农村治理体系。① 通过"家户制"的概念,可以更好地理解和解释中国农村社会的本体制度和本源传统。

中国特有的"家户制"传统深刻影响了中国的政治传统和国家治理。邓大才指出,家户是中国社会的细胞、国家治理的基石。中国社会具有家户底色,家户的底色决定和影响着国家治理。国家与家户在社会功能上有分工,也有合作。② 也就是说,与"村社制""庄园制""部落制"等不同,中国在小农社会的底色之下经过长期发展形成本源性的"家户制",是社会与政治单元的统一体。家庭是社会组织的基本单元,编户则是国家治理的基本单元,国家的"编户"建立在家庭基础之上,由此将国家治理体系与社会组织方式紧密地结合在一起,逐步形成国家治理结构的基础。③ 正因如此,家户不但没有因为其传统性成为当代中国国家现代化的阻力,反而在中国共产党的制度化变革中,成为当代中国国家现代化的重要推动力,并演化为当代中国国家现代化进程的内生优势。④

2. 以"韧性国家"对话"威权韧性"

"威权韧性"是西方政治学对于当代中国政治的定义,是威权主义的延伸。比如杨光斌指出:"西方人特别爱贴标签,认为毛泽东是威权主义,邓小平是威权主义,现在还是威权主义。新中国成立七十多年,无论政治、经济、社会等发生了多大的变化,在他们眼里都是威权主义。现在,加了个韧性或者叫弹性威权主义,意思就是中国这个政权的生命力还很强。也可以说,这是对合法性理论的一个退让,但是再用这个理论看中国,中国不但没有出现合法性危机,反而取得了很大的发展。"⑤ "威权主义"是以西方自由主义为本位的定义,这一定义对中国政治具有标签化的效应。

---

① 徐勇:《中国家户制传统与农村发展道路——以俄国、印度的村社传统为参照》,《中国社会科学》2013年第8期。
② 邓大才:《国家治理视角下的家户功能及中国经验——基于"深度中国调查"材料的认识》,《政治学研究》2018年第4期。
③ 任路:《家户国家:中国国家纵横治理结构的传统及其内在机制》,《东南学术》2019年第1期。
④ 陈明:《当代中国国家现代化进程中的家户基础》,《华中师范大学学报》(人文社会科学版)2022年第4期。
⑤ 杨光斌:《构建解释中国经验的社会科学理论》,《中央社会主义学院学报》2018年第3期。

由"韧性小农"扩展而来的韧性国家，试图从韧性国家的历史社会根基的角度把握中国的政治特性，且这一特性是以中国内在演化为本位的。陈军亚认为，作为基本政治社会单位的家户小农，国家韧性也是从小农韧性中生长出来的。家户小农世世代代生活在土地上，克服各种困难生存和发展，形成一种韧性，并通过社会化的过程，内化为一种社会成员共同的心理意识或精神，从而作为一种宏观现象，对国家的长期延续产生可见的影响。在此基础上，可以认为中国是一个韧性国家：依靠自我生存发展能力，不断适应环境，克服压力，并获得稳定性和持续性的国家。[①]

3. 以"东方自由主义"对话"东方专制主义"

自由与专制是政治学的核心概念。政治学产生并发展于西方国家。长时间以来，在西方政治思想中，形成了"西方自由东方专制"的话语定论。德国学者魏特夫以"东方专制主义"[②]概括东方国家的政治，并将东方专制论的来源归于马克思的论述，因而更具欺骗性。长期以来，在西方话语体系中，包括中国在内的东方社会被奴役性、停滞性的"东方专制主义"所定格。然而，改革开放以来的中国崛起的事实，不断挑战这一"千古传奇"和"历史定论"。中国的发展和崛起，并不是源自西方自由主义的进入，而是源自长期被思想界所遮蔽的东方自由主义传统。[③]

田野调查所展现的中国事实，进一步证明了"东方专制论"的理论与历史限度，对于中国，不可以"东方专制主义"一言蔽之，也不可再因为"东方"而自我对号入座。[④] 在田野调查的基础上，基于关系叠加的视角，徐勇提出了传统中国的"帝制国家"特性，同时，传统中国并非一般意义上的帝制国家，而有其特殊性，因此，中国尽管是一个地域国家，但血缘关系仍然在国家形态中延续下来，形成了以地域关系为主导但同时受血缘关系所支配

[①] 陈军亚：《家户小农：韧性国家的历史社会根基》，《学海》2021年第1期。
[②] [德]卡尔·魏特夫：《东方专制主义：对于极权力量的比较研究》，徐式谷等译，中国社会科学出版社1989年版。
[③] 徐勇：《东方自由主义传统的发掘——兼评西方话语体系中的"东方专制主义"》，《学术月刊》2012年第4期。
[④] 徐勇：《从中国事实看"东方专制论"的限度——兼对马克思恩格斯有关东方政治论断的辨析与补充》，《政治学研究》2017年第4期。

的"家族帝制国家"①。郝亚光基于"深度中国调查"案例强调传统中国的治水社会所具有的内生性、自治性和主动性。传统中国并非国家主导的治水社会,而是以社会为主体的治水社会。社会自我治水的过程,既塑造了中国的社会性,又形塑了中国特有的社会治理形式与结构。②

4. 以"祖赋人权"对话"天赋人权"

在不同时空里会产生不同的经验性概念,如基于西方宗教经验的"天赋人权"的建构权利;基于中国宗族经验的"祖赋人权"的历史权利。两者产生于不同地域,是对特定的历史事实经验的概括。"天赋人权"是西方政治学的一个重要概念,它来源于上帝面前人人平等的宗教精神。"'天赋人权'这类规范性概念,也有其历史局限性。随着人类文明的发展,人们愈来愈意识到此类概念的有限性。"③ 这一概念很难解释宗族村庄里社会成员长幼有序、男女有别的血缘差等现象及其背后的依据,由此产生出"祖赋人权"的概念。这一概念相对于但又不同于"天赋人权"。田野调查也证明了这一点。在近代,西方宗教传入中国农村,为一部分宗族共同体的边缘人群,如青年和女性所接受,但受到宗族共同体主体人群,如老人和男性的抵制。这在于宗族是具有差等性的共同体。"天赋人权"蕴含的个体平等权利意识会瓦解宗族共同体,用"祖赋人权"的概念可以更好地解释血缘宗族社会的特性。④

事实上,比"天赋人权"这一建构理性更为古老的是自然形成的血缘理性。"原先,最好的权威是祖传的,或者说一切权威的来源都是祖传的。"⑤ 中国是一个农业民族,其思维具有经验性。中国人以直观性视角,认定人的生命及其生命活动来源于与自己具有血缘关系的祖先,是祖先赋予了自己生命及其存在的正当性。从血缘关系看,作为血缘起始者的祖先就具有本源性、

---

① 徐勇:《关系中的国家》第二卷,社会科学文献出版社2020年版,第9—11页。
② 郝亚光:《治水社会:被东方专制主义遮蔽的社会治水——基于"深度中国调查"的案例总结》,《云南社会科学》2020年第6期。
③ 徐勇:《学术创新的基点:概念的解构与建构》,《文史哲》2019年第1期。
④ 徐勇:《田野政治学的核心概念建构:路径、特性与贡献》,《中国社会科学评价》2021年第1期。
⑤ [德]列奥·施特劳斯:《自然权利与历史》,彭刚译,生活·读书·新知三联书店2003年版,第92页。

本体性和终极性。"万物本乎天,人本乎祖。"① "血缘决定了成员资格、身份、责任、权利和活动。"② 祖先是血缘关系的人格化。而由祖先赋予其生命的具体的"人",是处于血缘继替关系中的后人。祖先赋予后人以存在资格和地位是不言自明的,由此所产生的祖先"权威"也是不言而喻、自然天成的,无须也不可能由后人与祖先签订契约,经由"同意"而获得权威。因此,"祖赋人权"是基于人类最古老最原初的血缘理性而生成的,也是血缘理性的最高本体原则。③

5. 以"长周期政治"对话"线性史观"

长周期指事物在一定条件下长期运行并由于内在规律发生周期性变化的状态。它包括以下三个要素:构成长周期的时间段及给定条件;长周期内有规律的周期性变化;造成周期性变化的机理。"长周期"是一种历史观,是一种对历史进程的看法。过往的历史观,如"长时段""超稳定""大历史""循环论"等,有两个特点:一是从现代观历史;二是对历史进程的扩展性和叠加性缺乏解释力。田野调查发现,中国农村的社会关系既有不断丰富的扩展性,又有新旧共存的叠加性。在漫长的历史进程中,"家户制"率先从宗族村社制中脱颖而出,具有坚韧性和脆弱性的双重属性,并呈周期性变化。运用"长周期"概念可以更好地解释这种长时段中的周期性变化。徐勇认为,中国发展在"持久性变革"主旋律之外,也有不可忽视的"周期式变动"的副线。其深刻的根源同样隐藏在农耕国家的内在基因中,包括制度黏性、官僚惰性和权力任性等。历史延续性为近代以来中国的创新性革命和发展提供了基础,并由此形成中国特色社会主义发展道路,尽管这一道路仍然是未了的接力过程。④

"长周期"是为了探索中国"家户制"及其衍生的政治现象反复发生和

---

① 白雪娇:《分形同气:农工并举之族的裂变与整合——粤北福岭村调查》,载徐勇、邓大才主编《中国农村调查》(总第4卷·村庄类第3卷·华南区域第3卷),社会科学文献出版社2017年版,第39页。
② [美]丹尼尔·哈尼森·葛学溥:《华南的乡村生活——广东凤凰村的家族主义社会学研究》,周大鸣译,知识产权出版社2012年版,第81页。
③ 徐勇:《祖赋人权:源于血缘理性的本体建构原则》,《中国社会科学》2018年第1期。
④ 徐勇:《历史延续性视角下的中国道路》,《中国社会科学》2016年第7期。

周期性变化而建构的一种历史认识论。在建构这一认识论之前，存在着诸如长时段、超稳定、大历史等历史观。以上历史观有共同特性：这便是以现代观历史，容易出现对历史传统的简单否定。"长周期"的历史观力图将历史存在的现象置于历史过程中认识，发现其存在的依据。这一历史观有助于将"家户制""祖赋人权"置于特定的历史背景下考察，从而使其获得坚实的历史认识论基础。

基于上述分析，有必要对田野政治学进行一个基本界定：田野是一种场域。它包括农村而不限于农村，是实地、实际、实践、实验的指代。相对于书本文献而言，田野是一种方法，主张以现场主义、客观主义、科学主义的方法从实地、实际、实践、实验获取材料、灵感。田野非常强调现场感。就如地质学必须到野外考察一样。田野政治学属于实证政治学的范畴，都强调理论来自经验事实，而不是让事实经验与先在的理论接轨。但田野政治学比实证政治学的范围又小一些，特别强调个人的实地调查经验。田野政治学的特性：有学术关怀的田野调查，以调查为基础的原创理论。总的来说，田野政治学是以田野为对象，以田野调查为方法，对政治现象和政治规律的研究。[①] 从田野政治学的建构过程来看，田野政治学一方面表现为"走向田野"的政治学，即政治学学者将田野调查方法引入政治学研究领域，并自觉和广泛地运用田野调查方法的过程；另一方面，田野政治学也是一种"超越田野"的政治学，即在田野调查基础上建构中国理论。由于以建构中国理论为目标，田野政治学不仅要"走向田野"，更要"超越田野"，而这又反过来对田野调查本身提出了更高的要求。[②]

三 田野政治学的价值

学术研究的主体是学者，并要与外部世界建立联系。田野政治学作为政治学的一种研究路径和学术共同体，其重要特点之一便是在田野中生成和不

[①] 徐勇：《为何要构建田野政治学》，《北京日报》2021年11月15日。
[②] 黄振华：《国家治理的家户逻辑：基于田野政治学的分析进路》，《学术月刊》2021年第7期。

断强化主体意识,广泛吸收各种学术资源,但以我为主;通过深入的田野调查并汲取各种学术资源,产生具有原创性的理论成果。主体性、学理性和原创性是田野政治学的生命活力所在,也是其特色所在,从而赋予田野政治学在当代中国政治学研究中的重要价值。

(一) 强化了政治学研究的主体性

改革开放以来,我国政治学学者在确立学科自主性和本土化研究方面做了大量工作,并取得了突出成效。这是因为,中国政治学必须要结合中国具体实际进行研究。这一研究过程本身就体现了中国政治学的自主性和本土化,主要表现在两个方面。其一,引入外来概念并根据中国实际进行加工,从而实现创造性转换。最为典型的例子是"治理"和"国家治理"的概念。中国本身有丰富的治理实践,但没能成为一个学术概念。20世纪90年代,"治理"作为联合国文件中使用的概念,进入中国。中国学者对这一概念进行了学理性阐释,赋予其中国意义。这一概念在中国实践中得到进一步发展,从"乡村治理""社会治理",一直扩展到"国家治理"。其二,在实际生活中,学者们发现许多事实现象无法用现成概念进行表述时,就会寻找新的概念加以概括和解释。叶娟丽等人认为,概念创新对于理论建构具有重要作用,在主要以舶来的理论与概念作为支撑的政治学研究领域,进行本土化概念创新,尤其艰难,也更加难能可贵,田野政治学在这方面做出了重要贡献。[①]

田野政治学是在解决中国农民问题中生长的,是一门内生于己、内生于自我对问题研究的学问。只有始终扎根中国大地,面对社会大众,才有不竭的源泉。张厚安先生在进入农村研究之初便提出了"三个面向,理论务农",即"面向社会、面向基层、面向农村"。这一方向仍然是田野政治学构建的基础。田野政治学之所以能够产生一些成果,根本原因就是扎根中国大地,从中国大地上汲取理论的源泉。为了更好地推动田野政治学的发展,就是要坚持政治学研究的主体性,汲取各方面的资源为我所用。

一是学术研究必须持开放态度,充分吸取有益学术资源。田野政治学进

[①] 叶娟丽、徐琴:《中国乡村治理研究本土化概念考》,《理论与改革》2021年第6期。

入田野，主要研究基层问题，所需要的学术资源似乎不多，甚至没有受到专业训练的地方干部也可以发表论著，且有真知灼见。但要将田野问题提升到更高的理论层面，使之具有学科性并建构起学术理论大厦，就必须充分汲取有益学术资源。我们学习接受"治理"理论才得以开发出"乡村治理"的理论；学习接受现代国家建构理论，才得以开发出"国家化"的概念；没有对"东方专制主义"的了解，我们就难以开发"东方自由主义"概念；没有对"村社制"的了解，就难以建构"家户制"理论；"关系中的国家"更是学习和借鉴了众多过往的研究成果。

二是在汲取各种学术资源的过程中，马克思主义及其中国化的成果无疑是最重要的。在中国大地上从事政治学研究，马克思主义及其中国化的成果无疑是最重要的学术资源。马克思主义提供了基本理论与方法。马克思主义与中国实际相结合产生了中国化的马克思主义。我们从事田野政治学研究，进入和深入田野，一是要了解国家宏观政治和政策，具有政治高度；二是要以中国的田野大地为基础，在马克思主义及其中国化成果的指导下进行原创性研究。我们将"治理"赋予马克思主义的理解，并转换为"乡村治理"，运用到中国田野调查和研究。我们受马克思主义关于"村社制"思想的启发，将"家户制"作为一种社会基础性制度加以定义。我们将田野调查中获得的"关系"现象与马克思主义关于"人的本质是社会关系的总和"的论断结合，建构"关系中的国家"的理论。

三是汲取各种学术资源的目的是为我所用。我们是政治学学者，是研究主体。从事政治学研究，首先必须学习，而且要永远学习，汲取各种学术资源。但学习的目的是使用，是为了更好地解释田野问题，产生新的研究成果，一切要以我们所研究的问题为主。在村民自治研究中，我们吸收"治理"理论，是因为"治理"的概念包容量更大，可以将其转换为"乡村治理"的概念，更好地理解中国的乡村政治。我们汲取现代国家建构理论，是因为通过这一理论可以更好地解释现代化进程中的各种"下乡"活动。而在汲取各种学术资源的过程中，所汲取的资源已发生了创造性的转换。如我们将现代国家建构理论转换为"国家化"，特别强调国家化是一个过程，是一个互动过程。重要原因在于中国的国家化的对象是广大农民，而农民是积极的行动者而不是消极的存在。国家化必然遭遇与作为积极行动者的农民的互动。

四是在汲取学术资源时要有所选择,以我为主。必须承认,中国的政治学恢复重建不久,要大量学习和汲取外来的学术资源,即使中国政治学有了长足发展也要继续学习和汲取各种学术资源。但是这种学习和汲取,一定是有选择性的,要以我们所从事的研究为主,需要什么学习什么,学术发展是一条历史长河,不同的阶段有不同的成果,最新的不一定是我们最需要的。

总体来看,在相当长的时间里,中国政治学在学科本土化方面还缺乏充分自觉,特别是在构建自主性概念方面还有欠缺。改革开放以来,中国发展实践创造了丰富经验,却缺乏相应的概念对其加以概括和解释,存在"概念赤字"现象。"中国之治"与"中国之理"之间严重不对称。大量的研究只是一种叙事表达,而不是由独创性概念构成的学理表达,造成"有理说不出"的困境。田野政治学的兴起及其在理论建构方面所做的努力,强化了政治学研究的主体性,田野政治学学者形成了从中国事实出发建构中国理论的自觉。从根本上来说,"建构中国理论要致力于学术话语表达;要强化理论思维,实现由经验思维向理论思维的转化,创造具有标志性的概念;要'正本清源',在融通各种理论资源的基础上推进自主性知识生产,形成累积性的知识生产线"[1]。正是由于田野政治学在强化政治学研究主体性方面的贡献,房宁认为田野政治学对当代中国政治学学术发展和学科建设具有十分重要的意义。[2]

(二) 提升了政治学研究的学理性

习近平总书记指出,哲学社会科学要"以我国实际为研究起点,提出具有主体性、原创性的理论观点"[3]。田野政治学得以提出具有标识意义的原创性概念,重要原因是从实际出发,而不是从既有的理论出发,能够基于田野调查经验进行理论创造。这种理论创造是从政治学的学科知识入手,经过田野调查有所发现,再进行理论加工并提升到政治学的学科层面。它是基于田

---

[1] 徐勇、石健:《伟大变革时代呼唤中国学术理论建构》,《探索与争鸣》2021年第6期。
[2] 房宁:《政治学为什么需要田野调查》,《华中师范大学学报》(人文社会科学版) 2021年第1期。
[3] 习近平:《在哲学社会科学工作座谈会上的讲话》,人民出版社2016年版。

野而不是基于书本的政治学,并由于田野发现和创造,而具有田野政治学的属性。当然,基于书本同样也会有创造,甚至有重大创造,只是创造的路径有所不同。在政治学已有的理论知识大量堆积的条件下,基于田野调查的政治学研究,是一种能够产生原创性研究的重要路径。田野政治学在发展过程中,逐渐形成了建构本土化政治学理论的自觉,为当代中国政治学研究做出了新贡献。

一是将具体的人带入国家研究。人是社会科学的出发点。社会科学都是围绕人展开的,政治学也是如此。政治学说史上的重要概念命题都与人有关。如亚里士多德的"人是天生的政治动物",卢梭的"人生而平等",亨廷顿的"人可以无自由而有秩序,但不能无秩序而有自由"等。但是,以上所说的人都是整体的抽象的人。在相当长时间,中国政治学研究涉及人时,主要是"以人民的名义"。人民是整体概念,对具体的人的行动关注较少。田野政治学进入田野现场,接触的是一个个具体的人,这些人的行为是在历史与社会关系中发生的。正是这些处于一定历史和社会关系中的人构成国家的基本要素,也铸造出一个国家的品性。如从"农民理性的扩张"了解到中国奇迹的发生,从"韧性小农"延伸到"韧性国家"。

二是将家户带入国家研究。由于社会分化产生不同阶级,由于阶级冲突产生国家。阶级是国家研究的基本单位。但是,中国是一个农业文明特别漫长和发达的社会。家户构成社会的基本单元,并深刻影响着中国的国家进程。"家"是社会学概念。田野政治学将"家"与"户"联结起来,使之成为一个政治学概念。因为"户"是国家建构的。"家户"由此进入国家研究的视野,并成为研究中国国家演化和治理的重要基点。

三是将关系带入国家研究。阶级是利益分化的结果。阶级关系是利益关系的产物。利益关系成为政治学研究的基点。田野政治学通过田野调查发现,人是通过各种关系联结起来的。利益关系尽管是核心关系,但并不是唯一关系。从组织的角度看,人是通过各种社会关系联结起来的,并构成一个国家。国家的生成和演化为多种社会关系所支配,这种关系既有扩展性又有叠加性。这一关系特性对于中国的国家演化和国家治理具有特殊的解释力。尽管从制度看,中国早已进入现代国家进程,但是在实际生活中还会存在着与古老的血缘地缘关系相联系的政治现象。

四是将历史带入国家研究。政治学是伴随现代化产生的。而在现代化发生前的中国是一个历史特别悠久的国家，中国的政治与历史有着特别紧密的联系。历史赋予特有的"中国性"。但在相当长时间，对历史传统的态度主要是否定的，其未能进入政治学研究的视野。田野政治学的研究对象是具有强烈传统性的农民，并在研究中发现"家户制"仍然具有强大的生命力，由此重新评估传统，强调"历史的延续性"而不是断裂性，并力图从历史政治学的角度理解和解释中国的国家演化。① 之后进一步开发出"长周期政治"的研究视角，用于解释中国的国家治乱兴衰的规律和机制。

五是将实证方法带入政治学研究。在现代化进程中产生的政治学是一门价值规范性很强的学科，"现代性"根深蒂固。田野政治学走向田野，从实际和事实出发理解农民，理解农民行为，并从价值中立的角度进行研究，建构概念，从而将实证方法带入中国的政治学研究。田野政治学建构的概念引起一些争议，在相当程度上是因为研究方法引发的。面对争议，田野政治学对其研究方法做出了进一步的说明。这就是：事实先于价值，从事实出发；理解先于评价，以解释为重；他我先于自我，历史是过程。②

（三）促进了政治学研究的原创性

政治学与其他社会科学一样，是从外国引进的。西方由于率先现代化，成为现代社会科学的发源地。我国不向外学习，包括政治学在内的社会科学都难以建立起来。政治学于1980年开始恢复重建的过程，便是不断向外学习和接受的过程。这种学习和接受之初，更多的是作为一种客体，还缺乏主体性的自我意识，也难以产生体现主体性的原创性成果。但是，任何一种学说都是有限的，不可能概括所有事实，更不可能穷尽一切真理。特别是政治学具有内在的价值性，外国学说中不可避免地包含着一定程度的偏见。随着政

---

① 徐勇、杨海龙：《历史政治学视角下的血缘道德王国——以周王朝的政治理想与悖论为例》，《云南社会科学》2019 年第 4 期。
② 徐勇：《实证思维通道下对"祖赋人权"命题的扩展认识——基于方法论的探讨》，《探索与争鸣》2018 年第 9 期。

治学的发展，政治学研究需要建立起自己的主体性，从所要研究的问题出发而不是从既定的理论出发，通过对问题的发现、理解和分析，产生出具有独创性的成果，从而推动政治学研究的发展。当然，随着知识的积累，原创性和独创性越来越困难，重复性和模仿性相对容易。但是，独创性有大有小，即使是一个很小的进步，都比重复性研究更有价值。

进行原创性研究的重要路径便是从实际出发，从实践发展中提出的重大理论和实践问题着眼，为人们认识现实贡献新的知识。周光辉教授指出："所谓原创性研究是指针对原发性问题，利用原始性材料，采用可检验的方法并得出创新性结论的研究活动"，"政治学研究需要在引进学习、跟踪研究的基础上，注重加强原创性研究，从而推动政治学研究整体上迈上一个更高的水平"。[1] 中国有着丰富的政治实践，但政治学原创性研究还很不够。习近平总书记说："解决中国的问题，提出解决人类问题的中国方案，要坚持中国人的世界观、方法论。如果不加分析把国外学术思想和学术方法奉为圭臬，一切以此为准绳，那就没有独创性可言了。如果用国外的方法得出与国外同样的结论，那也就没有独创性可言了。"[2] 在世界百年未有之大变局背景下，世界中国与历史中国相互叠加，有大量重大理论和现实问题需要研究。这些问题没有现成答案，只能从我国实际出发，以政治学的自主、自为的探索，回答时代提出的问题，形成具有主体性、原创性的理论观点。没有独创性，也就没有中国特色政治学。[3] 从实际出发，有助于找到原创性理论的源泉。

田野政治学是基于田野调查进行原创性研究的一种学术路径。这一路径的天然要求是面对实际生活，从实际出发去研究问题，由此建立起研究者的主体性。随着自主和自为研究的推进，政治学研究进一步有了建构新概念、提出新观点的直觉和自觉，并取得具有一定独创性的成果。田野政治学提出的概念、命题、理论具有一定的原创性，在一些方面颠覆了曾经长期为人所接受的理论学说。田野政治学研究中提出的某些观点尽管不一定成熟，甚至

---

[1] 周光辉：《新时代应以原创性研究推动中国政治学发展》，《政治学研究》2018年第2期。
[2] 《习近平谈治国理政》第2卷，外文出版社2017年版，第341页。
[3] 徐勇：《强化中国政治学研究的主体性》，《政治学研究》2021年第1期。

存在一些争议,但反映了学者的主动性、积极性和创造性。① 只有通过学术争鸣和讨论才能促进学术创新,从不同路径、以不同方式共同构建中国特色政治学大厦。正如习近平总书记指出的:"要坚持和发扬学术民主,尊重差异,包容多样,提倡不同学术观点、不同风格学派相互切磋、平等讨论。"②

从实际出发去研究问题,这就需要走出书本,寻找理论的源泉。持续不断的田野调查给我们带来的重要好处就是引导我们将视野投向大地,投向活生生的实践。没有第一手资料,就难有原创性成果。人们常说"中国农村研究在美国",就是因为美国学者利用了日本人对中国农村调查的原始资料。后来,我们下决心翻译日本满铁农村调查资料,并开展"深度中国调查",就是为了改变理论研究的被动局面。田野政治学通过转换视角、重塑主体、开拓方法,有助于立足中国大地,从田野上汲取理论智慧,从中国本体和底色出发,与既有理论对话,进行原创性研究。

田野大地为田野政治学的独创性、原创性提供了丰富的源泉,但是田野不能自动产生政治学。政治学人走向田野,不是为了将自己变成一个农民,而是为了推动政治学研究。这是田野政治学的初心。张厚安先生提出"理论务农",并于2010年强调:"当我们重视深入实际,重视实证研究的时候,一定要防止'忽视理论'的倾向。希望我们的年轻朋友,不要满足于发表几篇实证调查报告、论文或出版一些著作,还要重视读书、系统学习马克思主义理论,要重视把深入实际研究的成果进行理论升华,要在自己研究的领域形成系统观点,要创立学派。"③

田野政治学从田野中汲取源泉,提出了一些理论,但还不够,还要通过广泛吸收各种学术资源,推进学理化研究。在这一过程中,一定要注意理论的原创性,是基于事实经验内生出来的,而不是将现有理论与事实经验进行简单的嫁接。理论一定原生于田野,否则就不是田野政治学了。在理论研究中,势必学习国外学术成果,但这种学习一定是以我为主,学什么不学什么,

---

① 张师伟:《中国早期国家诞生的政治伦理基础——兼与徐勇教授商榷》,《探索与争鸣》2021年第5期;胡键:《"祖赋人权"辨析——兼与徐勇教授商榷》,《探索与争鸣》2020年第6期。
② 习近平:《在哲学社会科学工作座谈会上的讲话》,人民出版社2016年版,第28页。
③ 张厚安:《乡土大地上的思考》,湖北人民出版社2011年版,第80页。

应该有主体性。没有独创性、原创性，也就没有田野政治学。如果以外国学术为准绳，就不是田野政治学而是其他政治学了。

数十年的田野调查，为我们积累了大量第一手资料。但我们不能仅仅将自己视为"挖矿的"，让外国人利用资料加工再转内销。这就需要有"炼金术"，那是对资料进行加工提炼的理论及工具。美国学者斯科特在深入的人类学调查基础上，进行了高度的理论概括，撰写了诸如《弱者的武器》[①] 等多部有影响的重要著作。我们在调查方面正在超越前人。如非常有影响的日本满铁农村惯行调查，仅仅是对华北六个村的调查，而我们的深度调查涉及全国数百个村庄。但我们的开发和基于事实材料的原创性研究还刚起步，与国际学界还有距离。但我们相信，只要我们确立方向，坚持不懈，必有收获。

四 结语

中国实践正在不断产生中国经验，中国经验也将不断丰富中国理论。要贡献出中国自己的学术理论，必须根据中国实践和中国经验，突破固有的思维模式、研究范式和话语体系，进行政治学研究范式的创新。解读中国实践，构建中国理论，中国人是最有发言权的。只有扎根中国大地，才能回应时代的呼声，产生原创性理论，其检验标准内在于对问题的创新性解决。中国学术要走向世界，首先要解决中国问题，从中国内在的逻辑说明中国问题。因此，田野政治学为构建中国特色的政治学话语体系、学术体系和理论体系提供了有效路径。

田野政治学是一种基于田野的政治学研究路径。进入田野时，政治学学者的大脑不是"白板"（洛克），已有相关的政治学理论。只是田野政治学不是以已有的政治学理论去剪裁田野，恰恰相反，是通过田野调查回应和拓展已有的政治学理论。下得了实地田野，还需上得了理论"殿堂"。田野政治学的重要贡献之一，是在田野中获得新的问题、新的知识、新的经验、新的灵感，由此激活原有的政治学知识，进行再加工再认识，丰富既有的政治学

---

① ［美］詹姆斯·斯科特：《弱者的武器》，郑广怀、张敏、何江穗译，译林出版社2011年版。

理论体系。在调查研究的基础上，不断有理论的提升和总结，这样才有可能形成中国自己的政治学理论。

改革开放以来，中国做了很多事情，取得了举世瞩目的成就，但一直存在有理说不清、说了不为人信的被动状态。要不断提升中国政治学研究的层次和水平，一条重要的路径是以中国实际为研究起点，推动原创性和学理性研究，通过理论创新构建中国特色的田野政治学。当然，田野政治学还很年轻。田野政治学作为政治学研究的一种路径、一门有特色的学问，还要着力构建。伟大变革时代呼唤中国学术理论建构，在"理论殿堂"与"田野调查"之间构建具有中国特色的田野政治学，还有待全体政治学人的共同努力！

历史政治学与中国自主的政治学知识体系建构

杨光斌[*] 张 舒[**]

---

[*] 杨光斌,全国政协外事委员会委员,中国人民大学特聘教授、博士生导师,中国人民大学国际关系学院党委书记、院长,中央马克思主义理论工程首席专家,教育部"长江学者"特聘教授,入选全国哲学社会科学领军人才,兼任国务院学位委员会政治学学科评议组秘书长、中国政治学会副会长、中国世界政治研究会副会长、教育部高等学校政治学类专业教学指导委员会副主任委员。在制度理论、国家治理、民主理论、政党理论、比较政治、世界政治等领域发表了一批原创性成果。近年来倡导并推动历史政治学与世界政治研究,为推进主体性政治学知识体系建设做了大量基础性研究。发表中英文学术论文百余篇,出版多部专著与研究型教材。代表性著作有:《中国政治发展的战略选择》(该书已被译为俄语和印尼语出版)、《政治学的基础理论与重大问题》、《政治变迁中的国家与制度》、《观念的民主与实践的民主》、《中国民主:轨迹与走向(1978—2020)》、《让民主归位》(该书已被译为日文出版)、《比较政治学:理论与方法》、《中国政治认识论》(该书已被译为英文和德文出版)、《世界政治理论》。

[**] 张舒,天津师范大学政治与行政学院讲师。

基础研究

◎ 内容摘要

摘要：作为一种新的政治学研究路径，历史政治学致力于建设具有中国自主性的政治解释框架和话语体系。基于中国政治史的历史政治学，不但是观察问题的认识论和方法论，其本身还具有本体论意义。在历史政治学这里，当代中国政治不但是中华文明基体的自然延续，也是新中国成立70多年前后连续统一的政治发展过程。历史政治学不但要回答重大现实政治问题和理论问题的历史渊源与历史轨迹，还要在解释与因果分析的基础上描述历史并提炼概念，在研究路径上重视时间性和历史序列。历史政治学的知识功能具有政治实践价值，为治国理政提供历史解释与现实论述，并为认识合法性政治提供一套不同于理性人假设的历时性方案。中国政治发展道路和政治制度的生命力和合法性又不仅仅来自其历史文明基因，更有适合国情和现实条件的制度创新。当代中国政治发展所体现出的制度能力、代表性和协商性，构成了中国政治制度的优越性与竞争优势。国家论、治体论、政党论和干部制的新表述，构成了"中国政治学"的基本骨架，为建立中国政治学的知识体系、学科体系奠定了坚实的基础，更为观察中国政治提供了一种新史观。历史政治学为建构世界政治学提供了可行的研究路径。不同于聚焦于现状性结构的国际政治学，世界政治学追问的是政治思潮所诱发的国内制度变迁以及由此而塑造的大国关系和世界秩序，是一种兼具过程性结构和现状性结构的研究。作为新的知识增长源，历史政治学推动着当代中国政治学的范式更新与转型，从而为建立中国政治学以及中国社会科学的知识主体性注入强劲动力。

关键词：历史政治学；中国政治学；世界政治学

◎ 结构摘要

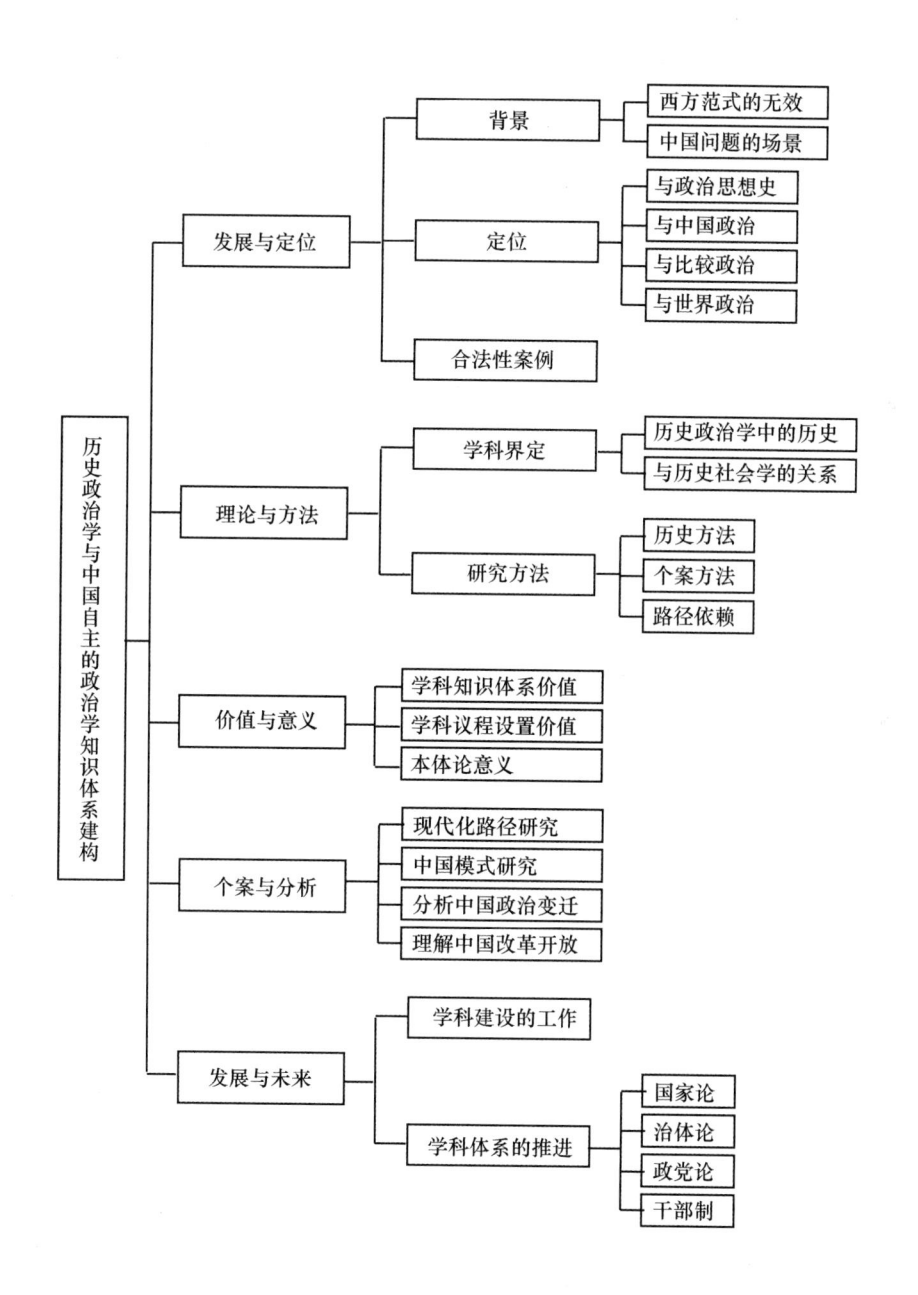

```
历史政治学与中国自主的政治学知识体系建构
├─ 发展与定位
│   ├─ 背景
│   │   ├─ 西方范式的无效
│   │   └─ 中国问题的场景
│   ├─ 定位
│   │   ├─ 与政治思想史
│   │   ├─ 与中国政治
│   │   ├─ 与比较政治
│   │   └─ 与世界政治
│   └─ 合法性案例
├─ 理论与方法
│   ├─ 学科界定
│   │   ├─ 历史政治学中的历史
│   │   └─ 与历史社会学的关系
│   └─ 研究方法
│       ├─ 历史方法
│       ├─ 个案方法
│       └─ 路径依赖
├─ 价值与意义
│   ├─ 学科知识体系价值
│   ├─ 学科议程设置价值
│   └─ 本体论意义
├─ 个案与分析
│   ├─ 现代化路径研究
│   ├─ 中国模式研究
│   ├─ 分析中国政治变迁
│   └─ 理解中国改革开放
└─ 发展与未来
    ├─ 学科建设的工作
    └─ 学科体系的推进
        ├─ 国家论
        ├─ 治体论
        ├─ 政党论
        └─ 干部制
```

◎ 观点摘要

1. 历史政治学的提出，标志着"中国性"政治学有了自己的方法论体系，也标志着中国主体性政治学话语体系建设有了重大突破，历史政治学是一种基于中国历史文明的方法论，由此塑造的史观能更客观、更科学地观察中国政治。

2. 作为本体论意义上的历史政治学包含历史与当下政治的关联性，即作为存在的历史对当下政治价值、政治制度和政治行为的影响，或者说当下政治价值、政治制度和政治行为的来源问题，回答的是政治合法性这一本源性问题。

3. 认识论意义上的历史政治学主要是检验理论和概念，即在历史分析的路径中检验概念和理论的真实性以及优劣，或者说流行的概念是否符合相应的历史条件。

4. 历史连续性就是作为方法论的历史政治学的要义。历史政治学除了具有历史社会学的认识论、方法论意义，还是一种本体性存在，因而很可能形成一门学科。

5. 历史政治学的知识功能自然有其政治实践价值，那就是为治国理政提供历史解释与现实论述，并为认识合法性政治提供一套不同于理性人假设的历史性方案。

6. 中华文明基体论、政党中心主义、领导权理论、文教国家论、治体论、领导型治理者等历史政治学新表述，为建立中国政治学的知识体系、学科体系奠定了坚实的基础。

7. 就政治层面而言，"中华文明基体论"的核心要素可以概括为：大一统的国家观、民本思想的政府观、仁爱为本的社会关系以及对外关系上的天下观，它们都通过文教传统而延续。

8. 当代中国政治发展的最独特之处是民主集中制组织原则所保障的国家治理能力；当代中国政治发展所体现出的制度能力、代表性和协商性，构成了中国政治制度的优越性与竞争优势,政治学尚需对此进行深入的比较研究,而在比较政治研究中更有价值。

9. 国际政治学亟须转型升级为世界政治学,不同于聚焦现状性结构的国际政治学,世界政治学追问的是政治思潮所诱发的国内制度变迁以及由此塑造的大国关系和世界秩序,是一种兼具过程性结构和现状性结构的研究。

10. 中国政治学要取得更大的成就,要取得让世界同人刮目相看的研究水平,不但要做到本土化,还必须形成"以中国为方法"的研究路径和学派,"以中国为方法"至少有两个含义:一是不但以本土化的中国为中心;二是以中国为中心研究所产生的认识论、方法论知识还将成为一种"尺度"或者"标准"。

《求是》杂志2022年第14期发表了习近平总书记的重要文章《把中国文明历史研究引向深入 增强历史自觉坚定文化自信》。文章强调，中华文明源远流长、博大精深，是中华民族独特的精神标识，是当代中国文化的根基，是维系全世界华人的精神纽带，也是中国文化创新的宝藏。具体到当代中国政治学研究领域，伴随世界政治格局迎来全新的转型时刻，作为一种地方知识的西方政治学逐渐难以适用于解读中国政治实践和世界政治现状，中国乃至世界各国的政治学研究亟待进行一次革命性的范式转移和理论突破。"历史政治学"作为一种新的政治学研究路径应运而生，致力于建设具有中国自主性的政治解释框架和话语体系。中国人民大学国际关系学院主持发起历史政治学研究议程，持续推进相关研究的蓬勃展开。三年来，历史政治学在学科建设、研究团队、学术期刊、学术交流、基础理论与研究方法等方面取得了长足发展。

一　历史政治学的发展与定位

历史政治学的提出，是中国政治学发展的一大亮点，并迅速获得学术界的广泛回应。其意义重大，不仅是对西方范式的反思，同时也确立了中国范式的研究思路，弥补了当前研究范式与现实严重脱节的不足。当流行的研究范式与现实严重脱节时，就是新范式或新研究路径诞生的节点。

第一，如何解释当代中国的政治发展是中外政治学的重大议程，也是对既有政治学理论的重大挑战。70年来，西方一直在以自己的观念乃至研究范式去判断中国的前途，结果都是一错再错。[①] 仅此而言，就需要寻找新的解释范式。

第二，西方处于深刻的政治危机之中。亨廷顿的"谁是美国人"表达了

---

① 黄明翰、黄彦杰：《西方"中国观察"的沧桑历程》，《联合早报》2013年4月8日。

美国人最深层的危机感——国民性危机,因此才有"特朗普现象"。与此同时,英国脱欧公投的成功、欧洲难民危机,这些问题的根源为自由主义民主,当然不是自由主义民主理论所能解决的难题。

第三,在非西方转型国家,自由民主诱发普遍性国家治理失效,第三波民主化国家出现民主回潮,"阿拉伯之春"演变为"阿拉伯之冬"。为此,有务实的美国学者呼吁"转型范式的终结"[1]。中外政治表明,作为"终结历史"的自由主义民主理论已经陷入危机之中,这其实是西方政治学的危机。这场危机意味着什么呢?自由主义政治学乃至整个西方社会科学,建立在"理性人"假设的基础之上。常识是,基于理性人假设的"政治科学",既不能解释人类经历的种种政治灾难,也不能解决现实中的政治困境,更不能为人类的未来指点迷津。这些困难不能以所谓的"有限理性"去辩护,只能从历史的视野去分析。

中国政治是一个整体性概念,在结构性意义上,至少应该包括:一是中国是如何来的,这是国家建设的议程;二是中国是怎么组织起来的,这是政体学的研究议程;三是中国是怎么运转的,这是政治过程的研究议程。无论在哪个层面上,"历史"都是不可或缺的要素与角度,即每个层面的议程都自带历史性,也只有从历史的角度才能认识这些问题。[2]

为了区分不同维度上的历史政治学,我们大体上做了这样的界定:在历史研究中发现政治学的概念和理论,并研究历史和当下政治的关联性,是本体论意义上的历史政治学;从历史出发研究现存的概念和理论,是认识论意义上的历史政治学;无论是本体论还是认识论,都需要方法论意义上的历史政治学去发掘。

第一,历史政治学与政治思想史研究。笔者曾在《论政治学理论的学科资源:中国政治学汲取了什么、贡献了什么》一文中指出,中国的思想史研究出现了路径上的问题,本来是"历史中的政治思想研究",流行的却是"思想史中的思想研究",结果思想史研究难以取得重大进展。[3]"历史中的政

---

[1] [美]托马斯·卡罗瑟斯:《"民主转型范式"的终结》,《比较政治评论》2015年第1期。
[2] 杨光斌:《历史政治学视野下的当代中国政治发展》,《政治学研究》2019年第5期。
[3] 杨光斌:《论政治学理论的学科资源:中国政治学汲取了什么、贡献了什么》,《政治学研究》2019年第1期。

治思想研究",就相当于这里讲的历史政治学,在历史研究中发现政治理论,或者将既定的政治理论(政治思想)置于历史分析中去梳理,从而形成具有时代性的概念与理论。

第二,历史政治学与中国政治研究。在社会科学脉络上,一种研究范式或者研究路径的生命力,大多由基于特定历史文化的研究赋予,比如新制度经济学之于"西方兴起"的研究,理性选择主义基于个体主义文化和选举政治的研究。基于特定历史文化而形成的具有生命力的研究路径,能否同样地适用于完全不同的制度环境和文化环境,显然值得讨论。可以肯定地说,历史政治学称得上是为中国政治研究量身定做的一种研究路径,必然会因为中国政治研究而使得历史政治学更彰显其解释力。

第三,历史政治学与比较政治研究。比较政治研究的根本方法还是比较历史分析,[①] 而比较历史分析的主要研究对象还是案例研究,个案或者多案例研究都是比较历史分析可使用的研究对象。能够对个案或者多案例进行深入讨论的无疑是历史政治学,从本体论、认识论和方法论的不同层面对特定案例进行深描,从而发现理论或者检验理论。

第四,历史政治学与世界政治研究。世界政治是一个层次性概念,包括历史进程形成的"深层结构"即结构层次、国家行为主体的单元层次和国家层次之下的次单元层次即社会层次。不同的层次具有不同的"研究单元",比如沃勒斯坦的资本主义研究单元所建构的世界体系理论、亨廷顿的文明范式研究所形成的世界秩序理论。无论是资本主义单元还是文明范式研究单元,其背后蕴含的都是历史路径上的政治理论研究,这是世界历史意义上的政治科学。[②]

第五,历史政治学的作用至少有以下几点:一是回答政治理论的知识来源问题,从而为建构中国自主性政治学知识体系提供可能。二是防止历史研究的碎片化问题,基于政治学取向的政治史研究有助于避免因"文化转向"而导致的历史研究的碎片化问题,这意味着历史政治学研究既追求"真相"也关怀"真理"。三是提供国家治理的经验。四是论述政治合法性。历史政

---

① 杨光斌:《复兴比较政治学的根本之道:比较历史分析》,《比较政治评论》2013年第1期。
② 杨光斌:《什么是历史政治学?》,《中国政治学》2019年第2期。

治学的知识功能自然有其政治实践价值,那就是为治国理政提供历史解释与现实论述,并为认识合法性政治提供一套不同于理性人假设的历史性方案。也就是说,历史政治学至少有两大学术功能和两大政治功能。[①]

历史政治学具有重要的知识辨识功能以及政治实践功能。能够在反思流行概念基础上,深化我们对于本国政治实践的理解,也形成了一些有意义的案例。比如,合法性概念就是一例。在政治学中,"合法性"这个概念讲的是民众对政府的一种心理上认同和自愿服从的问题。因此,它不但是一个理论概念,而且是一个与政治相关的问题,表达的是一种政治秩序观。但是长期以来,学界对这个概念的滥用产生了一些政治后果,因此有必要对其进行正本清源。

第一,"合法性"概念在思想领域的滥用。目前中国思想领域流行的"合法性"概念,是20世纪50年代"冷战"时期美国政治学家李普塞特所建立的,即所谓的"选举授权才有政府合法性"。这是典型的代议制政府理论。但是,这种合法性之说,不但不能避免20世纪六七十年代西方所出现的政治危机,而且要对非西方国家的治理危机甚至国家失败负责。就是这种"冷战"政治学的产物,却在中国思想领域大行其道,国内很多高等教育机构和研究部门,传递出的观念几乎都是"选举授权才有政府合法性"。

第二,"合法性"概念的起源和被改造。即使在西方政治思想的脉络上,"选举授权才有政府合法性"也只是片面的一家之言,何况还被残酷的现实所质疑。卢梭的"人民主权"可以被视为现代性政治的分水岭,但我们所说的"合法性"概念则起始于德国思想家马克斯·韦伯。他认为,政治统治的实行不会只基于物质利益、情感和动机,还要有被支配者对统治者的一种政治信仰,即合法性信仰。而什么样的政治最能获得合法性信仰呢?韦伯直言就是建立在理性法律基础之上的有效率的官僚制政府。当韦伯谈论合法性的时候,其实就是合法律性与有效性(即有效性政府),其中合法性离不开有效性。

韦伯的合法性概念沉寂了半个世纪之后,在"冷战"时期被美国学者重新激活,即李普塞特所讲的"合法性政治产生于选举授权"。正如李普塞特

---

① 杨光斌、释启鹏:《历史政治学的功能分析》,《政治学研究》2020年第1期。

所言，他提出这样的说法是为了配合熊彼特的民主概念，熊彼特把传统的人民主权意义上的民主改造为"选举式民主"，即民主就是选举产生政治家的过程。这样，在"冷战"时期，西方理论有两个大改造：一个是民主理论；一个是合法性理论。李普塞特把韦伯的合法律性要素置换为选举授权，有了选举授权才有合法性政治。同时，李普塞特还继承了韦伯的有效性思想，认为政府的有效性有助于合法性，而长期的无效性则伤害合法性；并客观地指出，选举民主是为了解决社会分裂问题，因此选举民主的社会条件是均质文化，即今天所说的民主的同质化条件，没有均质文化的选举是非常危险的。对此，西方民主理论家达尔和萨托利都给予了反复强调。

第三，"合法性政治"的基本要素和概念。且不说中国的政治传统完全不同于西方，即中国人的家国一体的政治秩序观完全不同于西方的国家—社会二元对立观。即使在西方政治思想那里，在知识论的脉络上，"合法性政治"的构成要素可以归纳为：合法律性、有效性、人民性（选举民主或者协商民主）和正义性。据此可以建立这样一个"合法性政治"概念：依据法律而组建的、人民参与的并依据基本正义原则而有效治理的政府，就是"合法性政治"。合法律性、有效性和正义性都能达成共识，其中有效性又是合法性的最大公约数，而人民性则存在争议，即人民性的实现形式是选举授权还是参与式协商民主？世界政治已经告诉我们，如果是选举民主，是否具备同质化条件（国家认同、共享信念、基本平等的社会结构）就至关重要，异质化社会的选举民主带来的并不是想象中的理想政治，而是苏联解体和南斯拉夫的分裂，今日非洲、中东、乌克兰之乱局，以及很多发展中国家的无效治理。

第四，中国思想界亟须"新概念、新范畴和新表述"。当代中国政治满足了合法性理论的最大公约数，即合法律性、有效性、人民性和正义性，所以才有如此高的民意支持率。近年来，无论是国内的民意调查如北京大学国情中心和中国社会科学院的数据，还是海外的调查如亚洲民主动态调查以及西方的皮尤调查中心的数据，都显示中国民众对中央政府的信任度在80%左右。这一支持率在世界上是罕见的。这其实是一个中国文化中的民心向背问题，岂能是一个代议制理论所能解释的？在理论上，当西方的主流理论都在因时因地地看待并建构"合法性"概念时，甚至罗尔斯这样的西方思想家专门为非西方国家而建构"合法性"理论时，我国社会科学领域却有不少人依旧拿其中一种争议最大的概念即"选举授权"来对照中国政治。问题是，很多发展中国家都依照代议制理论而有了"合法性"，治理得如何呢？或者说能够治理吗？不能治理的政府即失职的政府有道德性吗？到底是理论错了还是实践错了？学者应该有基本的世界政治视野，而不能仅做观念的囚徒。中国思想界亟须"新概念新范畴新表述"，以对当今许多流行的观念进行正本清源。[1]

第五，习近平总书记在"七一"重要讲话中要求以历史映照现实，连用九个"以史为鉴"，赋予"历史"空前的政治重要性和思想地位。笔者认为，以史为鉴中的"历史"不但包括从历史汲取的治理智慧，还包括由史观塑造的政治认知标准即政治合法性问题。学科塑造史观，史观决定政治合法性。"中国之治"既是对"历史终结论"的终结，也是那些实行了西式政治制度而陷于发展泥淖，甚至出现"逆发展"的广大发展中国家所艳羡的对象。这无疑是一个百年未有之大变局的新时代。新时代要求新学科、新史观、新认知。历史政治学塑造的史观必然具有主体性意识，以此来判断中国政治的结果必然迥异于曾经经久流行的政治学。新时代的中国不仅需要内政上的新史观，也同样需要新世界秩序观。这就需要跳出西方中心主义的国际关系理论，找回中国共产党的世界政治思想传统。[2]

二 历史政治学的理论与方法

如何界定历史政治学，是一个非常重要的问题。历史政治学并不是政治学与历史学的叠加，与历史学有着重要的分野。

第一，历史政治学中的"历史"不仅仅是观念，还是本体论意义上的存在，研究这个"存在"、研究过去与现在的直接关联性并从中提出解释性概念或理论，就是本体论性质的历史政治学。相对于本体论的历史政治学的发现理论功能，认识论意义上的历史政治学主要是检验理论和概念，即在历史

---

[1] 杨光斌：《合法性概念的滥用与重述》，《政治学研究》2016年第2期。
[2] 杨光斌：《政治学·历史观·合法性》，《中国人民大学学报》2021年第4期。

分析的路径中检验概念和理论的真实性以及优劣，或者说流行的概念是否符合相应的历史条件。无论是本体论还是认识论，都需要方法论意义上的历史政治学去发掘。

第二，在20世纪后期，史学研究者逐渐背离了揭示人类历史演进的动力与规律的学术主旨，他们反而追求对十分狭小的历史现象的细节进行"忠实细微的描述"，垂青于孤僻、艰涩的史料，从而在极度追求"专业化"的过程中导致"史学研究碎片化"[1]。历史政治学将历史视作延续性、整体性的本体存在，其鲜明的实践品格也要求历史研究能够为理解国家兴衰、助力治国理政提供有效的知识，这两点本体论上的特征都决定了历史政治学能够有效避免历史研究的碎片化问题。

第三，"找回历史"并不是简单地回到历史学传统，而是要在社会科学脉络上"找回历史"。历史学的理论发现是规律性的总结，但内在的因果关系并不清晰。比较而言，社会科学不但有明确的研究议程，还有研究单元和研究路径。更重要的是，历史政治学不但要回答重大现实政治问题和理论问题的历史渊源与历史轨迹，还要在解释与因果分析的基础上描述历史并发现概念，在研究路径上重视时间性和历史序列。这些大概不是历史学所主张的，有的甚至是历史学所反对的。但是，这种社会科学脉络上的历史研究已经做出了绕不开的重大理论贡献，比如"摩尔学派"的历史社会学研究。

实际上，从20世纪50年代以来，西方社会科学界涌现"历史转向"热潮，出现历史社会学等热门研究领域。历史社会学与历史政治学有着较大的关系，但也存在着重大的区别。历史社会学一样，历史政治学也是发现理论、检验理论的研究路径；和历史社会学一样，历史政治学与作为世界观、方法论的历史唯物主义具有亲缘性。但是，历史政治学的价值在于其与历史社会学的一些重大区别。

第一，历史社会学的意义主要体现在研究路径或方法论上，而历史政治学不但具有认识论、方法论上的意义，更具有本体论上的意义，即历史政治学中的"历史"不仅仅是认识论上的观念，还是一种存在。历史社会学中的

---

[1] ［美］乔·古尔迪、大卫·阿米蒂奇：《历史学宣言》，孙岳译，格致出版社2017年版，第52页。

"历史"主要是认识论、方法论意义上的观念。这是在已经存在成熟的、发达的历史社会学的前提下，我们提出历史政治学的根本原因。

第二，作为本体论意义上的历史政治学具有政治功能，具有功能主义的价值取向，这是与历史社会学的重大区别。它包含着历史与当下政治的关联性，即作为存在的历史对当下政治价值、政治制度和政治行为的影响，或者说当下政治价值、政治制度和政治行为的来源问题，回答的是政治合法性这一本源性问题。显然，历史社会学不具备这样的"政治功能"，其宏大主题的研究主要是为了发现理论和检验理论，对于治国理政的政治实践没有直接助益，即使可能有认识论上的启示。比如，沃勒斯坦的资本主义范式所形成的世界体系理论，对于认识中国道路、中国模式的意义有某种启发，但不会对政策制定这样的政治实践有帮助。作为观念表达的社会科学，很多理论或研究范式都具有其相应的政治功能，比如新制度经济学、理性选择主义之下的"阿罗不可能定理"，都是为自由资本主义论说的经济学。经济学尚且如此，没有政治功能的政治学理论哪里去找？因为其政治功能，我们对待历史政治学要格外审慎，不可像道格拉斯·诺思的新制度经济学那样简单粗暴地追随某种意识形态，仅用产权、国家、意识形态几个变量来解释国家的兴衰。在讲到历史政治学的政治功能的时候，历史与现实政治之间的因果机制就特别重要，不可望"历史"而浮想联翩。另外，历史政治学的政治功能也意味着，各国的历史是不同的，把历史放在什么位置上？如何处理"不同"？这也是需要慎重处理的问题，至少不能因历史不同而搞成封闭排他的历史政治学，毕竟现代性带来了很多的同一性或相似性。比如，中国承认作为"共同价值"的自由、民主、法治、正义等。因此，历史政治学的政治功能是其长，也是其纠结之处。认识到这一点至关重要，至少让我们更加审慎，在发挥其功能价值时，要时刻不忘历史政治学的分析性价值。话又说回来，研究历史而产生的永恒性、分析性作品并不多见，否则为什么每一代人都要书写自己的历史呢？因为史观变了。所以才有诸如"新清史"之类的"新发现"，从中，就能看出历史分析的政治功能。

第三，历史社会学主要研究宏大议程而成就斐然，当其用于中观分析时，其固有的学术魅力则大打折扣。历史政治学不但可以用来分析宏大的历史结构,更可以用在研究实体性的中观议程乃至微观议程,中观议程的研究甚至更彰显其生命力,比如中国现行吏治与古代吏治的关系、古代协商政治与现代协商民主的关系、宗法政治与村民自治的关系等,诸如此类的中观议程非常之多,都可以纳入历史政治学的研究范畴,这同样是因为历史政治学的本体论属性。当然,最根本上,历史政治学是为中国政治研究而量身定做的理论和方法。

第四,历史政治学对于中国政治的特殊意义意味着,历史政治学的"历史观"("时间观")似乎是一种长周期稳定性史观,因为作为中国政治源头的周秦之变,一开始就具有现代性政治的属性,此后的几千年几乎是在丰富着初始的制度形式。这并不是黑格尔说的"中国没有历史",而是中国历史未曾中断,在连续性变迁中得到丰富和强化。主要用来研究西方社会的历史社会学的历史观是短周期进步史观,但几乎是跳跃式的进步史观,因为西方国家的历史一直处在灾变中或发生质变。这几种维度上的区分,就是历史政治学存在的意义。历史政治学除了具有历史社会学的认识论、方法论意义,还是一种本体性存在,因而很可能形成一门学科,历史社会学则不会成为一门学科。这种联系和区别决定了,历史政治学具有和历史社会学一样的学术功能,即在历史研究中发现理论和检验理论;历史政治学拥有历史社会学所没有的政治功能,即研究历史与当下政治的关联性,论述当下政治的历史合法性。政治学理论具有特定的政治功能,这本是其应有之义,也是作为研究路径容易产生争议之处,但其学术价值和政治价值并不因此而受损。这种区别带来研究议程上的差别,历史社会学主要聚焦于宏观制度变迁,中观议程研究趋势的历史社会学就丧失了其本来的意义;而历史政治学可以研究宏观、中观乃至微观议程。

在历史政治学的发展过程中,逐渐形成了一些基本的研究进路和研究方法。这些研究方法既有历史学的,也有政治学的,各具特色,凸显了历史政治学的方法论特色。

第一,历史连续性就是作为方法论的历史政治学的要义。历史连续性是一种历史常识即生活常识,但是,这种历史常识是如何形成的呢?需要回答历史连续性形成的内在机理。在历史制度主义学派诞生之后,人们关于历史连续性的认知更加接近历史真相，历史分析更加逻辑化乃至理论化，这是因为历史制度主义提供了一些分析因果机制的概念。在此之前，历史分析等同于历史哲学研究，即从大历史研究中得出几点历史规律，这不是一般学者所能胜任的。历史规律的发现依然必要，但历史分析不能停留于此，否则就不能普遍地推广历史分析的运用，也不能提高历史分析的研究水平。

第二，历史研究基本上等同于案例研究，案例研究或者用个案研究法，或者用比较方法。然而，历史制度主义的产生使得比较历史分析不再等同于"回到历史"或过去的"过程回溯"式的历史分析，甚至也不能再说比较方法不是理论了，因为历史制度主义中路径依赖范式的运用，不再等同于传统史学的历史研究，从而使得比较分析更具世界观价值和科学方法意义。

第三，案例研究中的"路径依赖范式"。对于案例研究中的路径依赖范式，笔者曾对此有过专门的研究，在此不再赘述。[①] 简单地说，首先是"时间进程"范畴下的"时间性"和"关键点"所构成的"时序"概念，在时间性意义上，发生越早的关键性事件，其对后来的制度变迁影响越深远，比如轴心文明时代形成的思想和制度塑造了后来的思想路线和制度轨迹。其次，早发生的关键性事件会变成制度安排，通过自我强化，结果是报酬递增，最终形成路径依赖乃至路径锁定。最后，历史连续性不仅存在于渐进的制度变迁中，即使制度突变，诸如革命和改革，也很难剔除"文明基体论"意义上的制度与思想乃至行为方式，这些是被大量的比较历史研究所证实的，也是一种生活常识。皮尔森说，历史制度主义这个词非常好，"它是历史的，因为它认识到政治发展必须理解成是沿着时间展开的过程；它是制度主义的，因为它强调这些时间在当下的主要政治含义嵌入在制度中——不管它是在正式规则、政策结构还是规范中"[②]。这就意味着，时间进程中的文化、制度、利益纠缠在一起，是典型的混合性的折中主义方法。[③]

[①] 杨光斌：《比较政治学：理论与方法》，北京大学出版社2016年版，第127—158页。
[②] ［美］保罗·皮尔森：《回报递增、路径依赖和政治学研究》，载何俊志等编译《新制度主义政治学译文精选》，天津人民出版社2007年版，第217页。
[③] 杨光斌：《什么是历史政治学？》，《中国政治学》2019年第2期。

三 历史政治学的价值与意义

新时代中国政治学发展的基本趋势是强化政治学研究的主体性，形成自主性中国政治学学科体系和话语体系。在这一过程中，历史政治学的出现，不仅标志着中国主体政治话语体系的重大突破，还逐渐形成了自主的学科体系和话语体系。

第一，历史政治学的提出，标志着"中国性"政治学有了自己的方法论体系，也标志着中国主体性政治学话语体系建设有了重大突破。历史政治学是一种基于中国历史文明的方法论，由此塑造的史观才能更客观、更科学地观察中国政治。正是在史观这一事关政治合法性的维度上，历史政治学可谓一种重大突破。

第二，自古以来，我国有丰富的政治思想而无政治学学科体系，作为学科的政治学是近代以来的舶来品。作为社会科学基础的政治学的知识来源无外乎对既有理论的汲取、基于实践研究和历史研究而来的理论成果。和社会科学的其他学科一样，在相当长一段时间，我国政治学以研习外来理论为主，基于实践研究的理论成果稀缺，基于历史研究的政治理论成果更是处于空白状态。我国政治学理论的这种状况，与我国政治制度严重脱节，与我国的国际地位严重不匹配，导致很多人依然在用基于异域经验的外来理论评判中国政治发展。在寻找新出路、建设主体性知识体系基础上的话语体系的浪潮中，历史政治学是其中的重要成果。

第三，西方历史的属性主要是社会史，因而从历史中寻找答案的社会科学研究被称为"历史社会学"。比较而言，中国历史从先秦开始就是政治史，因此从历史中寻找现实性答案的社会科学研究注定是"历史政治学"。简单地说，历史政治学是寻找重大现实政治问题、重大理论问题的历史起源和历史性因果关系。中国重大理论问题，比如习近平新时代中国特色社会主义思想；中国重大现实问题，比如大一统国家观、民本主义的全能政府观、民主集中制的政党制度、协商民主制度等，只有历史政治学才能给予系统的回答。

第四，历史政治学正在重塑中国政治学的知识体系以及知识体系基础上的话语体系和学科体系,如中华文明基体论、政党中心主义、领导权理论、文教国家论、治体论、领导型治理者等新表述,为建立中国政治学的知识体系、学科体系奠定了坚实的基础。

历史政治学的学科意义和价值不仅在于我们如何理解历史,还能够更好地帮助我们理解当代政治的议题。在当今时代,中美贸易摩擦以及全球新冠肺炎疫情标志着世界秩序正在发生巨变,历史政治学也有助于我们理解历史政治学对巨变时代中国政治学研究议程的设置。

第一,在根本上,美式社会科学需要一场"范式革命"。以去国家化为目的的美式社会科学是怎么来的呢?自由主义社会科学建立在"理性人"假设基础之上。基于"理性人"假设的"社会科学"完全是非历史的,既偏离了西方自己的固有传统——比如亚里士多德就是在情境性、历史性的前提下探索政体问题的;也不能解释西方国家自己的治理行为——比如国家是不可或缺的宰制性主体,更与很多非西方国家的政治传统无关,所以才最终出现与现实的对抗。背离历史、有违传统、对抗现实的研究范式,理应被终结,急需一场新的"范式革命"取而代之。范式革命既体现在学科建设的新议程上,也包括新型研究路径。

第二,比较政治学的新议程。将比较政治学的重心从制度研究转移到国家治理能力上来。政治学是用来搞建设的,即实现共同体的善。把共同体组织起来的维度是多方面的,只顾一个维度的政治学肯定不是求治的政治学,或者说达不到"善"之终极目标。比较公共政策置换为比较国家治理能力更为恰当,这不但是因为政策的制定与执行是治理能力的核心指标,更重要的是治理能力能直接衡量政治制度的效能,即我们常说的制度的优劣需要依靠治理绩效去衡量。我们经常看到的现象是,在不同国家同样的一个政策产生完全不同的效果,政策与效果之间的中介机制就可能是因为治理能力的差异。因此,治理能力不但是比公共政策更能揭示政策背后的条件性因素,同时也满足了因果关系的解释。

第三,国际问题研究的新议程。从国际关系学到世界政治学,主流国际关系研究仅仅关注现状性结构,加之深刻的意识形态偏见与学科壁垒,已经很难满足当下中国的发展需求,因此加快世界政治学科的建设是当下中国政治学乃至整个社会科学的必然要求。世界政治学是以比较政治研究为基础的国际关系研究，是比较政治学与国际关系学的统合。分析世界政治，需要充分吸收各主要国家政治史、政治思想史、国际社会主义运动史、民族解放运动史和国际关系史的丰富资源，并加强对非西方国家尤其是中国周边国家的研究。只有这样，才能扭转几十年来学界对西方理论亦步亦趋的局面，建立真正的中国自主性社会科学。

第四，新研究议程需要新研究路径或者研究范式去落地。历史政治学既可以用来研究以国家治理能力为主题的比较政治研究，也可以用来研究世界政治学。所谓历史政治学，就是研究历史的情景性（认识论）、方法论上的时间性和本体论上的结构性关系主义而提炼概念和知识，并总结善治之道。历史政治学已经被普遍地认为是中国本土的政治学，是发展中国政治学的一种新路径。这种源自本土的研究路径，因其特别重视历史研究之发现，而世界政治学在根本上是以深层的历史结构而立论的学科，因而历史政治学之于世界政治学具有亲缘性。

历史政治学中的"历史"是本体论性质的。与其他国家的历史相比较，中国历史首先是一种政治史，其中包含政治思想史、政治制度史、王朝史。中国历史中提出的"政治性"，大概是其他国家的历史难以比拟的。那么，作为政治史的中国历史到底应该怎么理解？在日本著名的中国问题专家沟口雄三看来，中国有中国独自的历史现实和历史展开，这体现于漫长的不同时代种种现象的缓慢而连续性变化，所以中国的现代应该从现代、近代、前近代的关联中来把握。这种历史理论被称为"中国基体论"。[①] 一个奇特现象是，中国是唯一历经5000年而不曾中断的文明体，因此中国文明没有"古文明"之说，而其他古文明要么中断、要么消亡了。那么，支撑连续性制度变迁的"基因"有哪些？在笔者看来，中华文明的"基因"至少包括：华夏民族、基本不变的汉字、以长江和黄河流域为核心的疆域、国家层面的大一统思想和治国的民本思想、政府层面的官僚制（包括郡县制和科举制）、文化

[①] ［日］沟口雄三：《作为方法的中国》，孙军悦译，生活·读书·新知三联书店2011年版，第111页。

层面的包容性与中庸之道、社会生活的自由与自治以及家庭伦理本位、对外关系上的天下体系,等等。这些"基因"内化于生活在固定疆域内的华夏民族血液中,因而构成了延绵几千年的中国文明共同体,从而可以称中国为"中华文明基体",即由文明基因而构成的一个共同体。所谓文明基体,就是生活在固定疆域的族群,在几千年的历史长河中,以恒定的文明信念和生活方式等基因而构成的文明共同体。① 就政治层面而言,"中华文明基因共同体"的核心要素可以概括为:大一统的国家观、民本思想的政府观、仁爱为本的社会关系以及对外关系上的天下观。"中华文明基体论"本身就是值得研究的政治学,这是"历史"的政治学意义。那么,政治学研究什么呢?无外乎一个国家的政治价值、政治制度和政治行为(利益选择)。一个国家来自历史文明的基因有强有弱,但几乎所有的国家都必须拥有适合的政治价值、政治制度以及相应的行为方式。就中国政治而言,价值选择、制度设计以及行为方式,无不深深受制于既定的"文明基因共同体"。也正是在这个意义上,"历史政治学"既是过去的政治学,也是当下的政治学。历史政治学区别于历史社会学的根本所在,就在于其本体论性质。②

四 历史政治学的个案与分析

历史政治学关注政治变迁的历时维度,传统社会走向现代国家是国际社会科学的重要主题。在历史政治学视域下,如何理解传统中国的现代化路径是一个重要的主题。

第一,在比较制度分析的基础上,我们提出了关于制度变迁的新图式。我们把制度变迁的路径分为三大类型:英国—美国的商人阶层主导模式;法国—德国—日本的官僚体系主导模式;俄罗斯—中国的政党组织主导模式。

第二,作为理论对经验的总结,社会科学中流行的和居主宰地位的社会

---

① 杨光斌:《中华文明基体论:理解中国政治前途的认识论》,《人民论坛》2016年第15期。
② 杨光斌:《巨变时代的中国政治学研究议程》,《学术月刊》2020年第9期。

中心主义和国家中心主义都是特定制度变迁经验的产物。也就是说，依靠市场方式和社会力量主导而走向现代化的英国—美国经验，自然就产生了以"天赋人权"和"社会契约论"为核心的社会中心主义理论体系；依靠国家或官僚机器推动而走向现代化的法国—德国—日本经验，产生了以国家自主性和国家能力为核心的国家中心主义。但是，对于很多后发国家而言，比如俄罗斯和中国，第一次世界大战导致俄罗斯国家的失败。辛亥革命以后的中国处于"丛林规则"状态，是政党把国家重新组织起来，形成了党—国体制下的制度变迁。对此，不要说社会中心主义的话语体系难以解释俄罗斯、中国以及其他类似路径的发展中国家的现代化经验，就是国家中心主义也有很大的局限性。这里，依据俄罗斯和中国经验，初步提出一个替代性的研究路径即"政党中心主义"。

第三，无论是社会力量主导的现代化，还是国家主导的现代化，还是政党主导的现代化，都是制度变迁中不可复制的道路，是制度变迁中的一种阶段性历史。但是，当各国的现代化发展到一定程度时，国家—社会之间的均衡成为必然。国家作为一个组织系统，成长过程有自己内在的逻辑，那就是一个国家要实现稳定、和谐、长治久安，必须实现"两个均衡"：国家与社会的均衡和各种权力关系之间的均衡。

第四，"权力均衡"只是国家成长的终端性形态。在国家发育和成长的过程中，任何国家都难以跳跃自己的文化和历史所"锁定"或"预定"的发展阶段，国家成长的过程具有不可复制性。因此，国家成长的一般性逻辑应该是通过不可复制的多元化道路而最终实现"权力均衡"。还需要指出的是，均衡的权力关系也只不过是"相对均衡"，相对于法国、德国和日本的政治制度，美国和英国的政治制度更软弱无力。因此，对于中国这样的国家而言，政党、国家与社会之间的均衡更具有相对性，比较而言，中国更需要组织国家的组织者。[①]

"中国模式"是学界近年来的热点话题。然而，以舶来的西方的政治学观念去分析中国，往往会产生认识误区。如在政体方面，当代西方政治学多

---

① 杨光斌：《制度变迁中的政党中心主义》，《西华大学学报》（哲学社会科学版）2010年第2期。

采用代议民主制与威权政治二分法,这类二元思维存在很大局限。从历史政治学的视角理解中国模式就有着重要的意义。

第一,中国的国家建设路径,既不同于以英美为代表的、以商业集团主导的、以社会为中心的所谓的社会中心主义,也有别于法国、德国和日本的官僚制主导下的以国家为中心的国家中心主义,而是以党作为国家的组织者,其时间顺序和组织路径是:建党——建军——革命——国家制度。这样一套独特的建国路径决定了,必须寻求那种既能解释国家也能解释党的政治理论。或者说,只有把党和国家有效连接在一起的理论才是有效的政治理论。民主集中制正是这样一种政治理论,它从党的组织原则(可以称为"党体")演变为国家政权的组织原则(即"政体"),并同时是党和国家的本体论性质的组织原则。也可以说,我们常说的"党和国家"之间,存在一个内在的组织逻辑关系,存在一个连接党和国家的桥梁,那就是民主集中制。没有民主集中制,就难以理解党和国家领导体制,也难以理解党何以治国即"党治国家"。

第二,在中国,事实性政体内涵除了宪法所规定的国家机关组成形式、中央地方关系,还应该包括政治经济关系和国家社会关系。我们发现,在中国,无论是传统意义上的政体形式即国家机关组成方式和中央地方关系,还是中国改革开放以后所衍生出来的政治—经济关系和国家—社会关系,都有形或无形地体现了民主集中制原则。

第三,民主集中制的生命力不但因其已经成为一种内生性制度,而且还因其是符合政治逻辑的混合政体。政体必然涉及方方面面的关系,而且需要把各种关系有机地统合起来。因此,好的政体一定是混合制的。比较而言,自由民主政体在本质上也是混合制的,但却被诠释成以竞争性选举为标准的二元对立的理论,有竞争性选举则是民主,无竞争性选举则是非民主。结果,混合制政体变成了单向度理论,这种视竞争性选举为一切的单向度理论必然给其他国家带来灾难。这种历史悠久的、道义正当的并客观体现政治内在逻辑的内生性演化而来的制度,以及由此而体现出的治理上的优越性,都使得作为中国模式的民主集中制政体有资格在政治学理论乃至社会科学理论体系中占有不可或缺的一席之地。换句话说,在中国乃至在美国,谈政体如果眼中只有自由民主政体而无民主集中制政体，在学术上是极其不严肃的，在理论脉络上是残缺不全的，其比较政治研究或中国研究的意义都会大打折扣，甚至可以归为无用之学。①

历史政治学高度关注历史连续性。由此，一个具有重大的理论与实践意义的选题就是古今中国的政治变迁。这一变迁是否具有历史的连续性？如何理解中国政治发展道路？这些都是重要的问题。在这些问题上，历史政治学有着一些独到的分析意义与见解。

第一，百年来，中国的政治形态与社会形态发生了巨大变化，但是历史的血脉和基因并未因此而隔断，历次的制度突变依然没有割断中国5000年的文明史。对于这些命题和议程，可以从多角度尤其是历史分析的角度去研究和理解。我们认为，历史政治学是一个更恰切地观察视野和研究路径。目前中国所选择的道路与制度、所从事的国家治理现代化，都是"中华文明基体"的政治性部分，是"中华文明基体"的一种自然延续，这鲜明地体现在国家一统、政治价值、政治制度、社会形态与对外关系上。

第二，中国政治发展道路和政治制度的生命力和合法性又不仅仅来自其历史文明基因，更有适合国情和现实条件的制度创新。我们知道，传统中国政治的最大隐患有两个：一个是组织化程度即国家治理能力问题；一个是代表性不足问题。当代中国政治发展的最独特之处是民主集中制组织原则所保障的国家治理能力。在晚清，中国面临的最大挑战是制度整合能力问题，偌大一个国家在列强面前不堪一击。民主集中制组织原则解决了部门与部门、中央与地方、地方与地方之间的协调性，从而最大限度地加强了国家治理能力。当今大国之间的竞争，在根本上是制度之争，而制度竞争力体现在制度整合能力、政策制定能力和政策执行能力等所构成的治理能力上。在这个维度上，中国的比较优势已经显露出来，因此才能在很短的时间内成为世界第二大经济体。

第三，当代中国的根本制度和基本制度具有代表性与协商性。1949年之前，中国政治的一大问题就是代表性不足。人民代表大会制度体现了地方、

---

① 杨光斌、乔哲青：《论作为"中国模式"的民主集中制政体》，《政治学研究》2015年第6期。

民族的代表性，政治协商制度体现了界别、行业的代表性，"两会"制度事实上解决了"条块关系"。在参政议政方面，协商民主体现在全过程之中。协商民主不是政治协商制度的专利，人民代表大会制度也具有协商性。当代中国政治发展所体现出的制度能力、代表性和协商性，构成了中国政治制度的优越性与竞争优势，政治学尚需对此进行深入的比较研究，在比较政治研究上更有价值。

在历史政治学这里，改革开放前后的历史是连续性的，改革开放前的制度安排是改革开放后制度变迁的基本轨迹和方向，改革开放后的制度变迁也强化了改革开放前30年建立起来的制度结构与基本制度。

第一，宪制结构的稳定性。国体和政体乃宪制之经纬。从1954年宪法到现行宪法，国体—政体的表述从抽象到更加具体，从而保证了改革开放后中国政治发展的连续性。

第二，市场经济的社会基础。在稳定的宪制结构下，改革开放前30年的很多政策或者制度安排为后来的改革开放奠定了基础，改革开放以来的成就绝不是无本之源，也不可能是"市场"变出的魔法，要知道很多发展中国家比如印度的市场化程度比中国还高，但治理成就远远低于中国。众所周知，我们在很短的时间内在一个落后的农业国家基础上建成了现代工业体系，这是改革开放之后的制造业发展和制造业大国形成的最为重要的前提。此外，在诸如土地制度与农业政策、平等化教育、妇女解放、健康保健，改革开放前30年的社会经济政策都是后来的改革开放的红利。

第三，制度创新延续并加强了宪制结构。中国的基于市场经济的改革是在不变的宪制结构下进行的，改革开放前的社会政策为改革开放提供了决定性红利；反过来，改革开放后的制度变迁也强化着既定的宪制结构，从而使得中国的制度体系更具竞争力。具体而言，围绕根本政治制度而发生的制度创新所形成的权力关系，比如中央—地方关系、国家—社会关系、政府—市场关系，都是民主集中制性质的，从而延续并强化了民主集中制政体，巩固了人民民主的国体。[①]

[①] 杨光斌：《历史政治学视野下的当代中国政治发展》，《政治学研究》2019年第5期。

五　历史政治学的发展与未来

经过三年的发展，历史政治学推进了学科建设，包括但不限于如下方面。

第一，学术机构方面，2019年5月，中国人民大学国际关系学院成立历史政治学研究中心，姚中秋教授为历史政治学研究中心主任、任锋教授为副主任、黄晨博士为秘书长。11月，历史政治学研究中心召开学术委员聘任仪式。历史政治学研究中心聘任芝加哥大学社会学系赵鼎新教授、华中师范大学政治科学高等研究院徐勇教授、台湾大学政治学系朱云汉教授、清华大学政治学系景跃进教授、山东大学政治学与公共管理学院贝淡宁（Daniel Bell）教授、中国人民大学清史研究所杨念群教授、清华大学历史学系张国刚教授、北京大学政府管理学院俞可平教授、北京大学法学院朱苏力教授为学术委员。在研究中心成立仪式和聘任仪式上，笔者曾指出，开展历史政治学研究需注意三个要点：坚持社会科学传统；建设开放交流的学术共同体；吸纳包容多样的学术研究方法。人大政治学系具备深厚的历史研究和政治思想研究底蕴和基础，国内也有同人进行着事实性历史政治学研究，历史政治学可以作为探寻中国政治学发展的方向和路径。

第二，学术活动方面，历史政治学研究中心举办数十场学术活动，包括学术会议、学者对话、学术讲座、讲习班、工作坊等多种形式。如2019年11月，研究中心举办第一期学术工作坊，邀请世界著名思想史家、"剑桥学派"的代表人物、剑桥大学国王学院荣休教授约翰·邓恩（John Dunn）以"政治思想的历史方法：剑桥学派的视野"为题，与国内政治学专家展开对话。如2020年12月，为庆祝中国政治学会成立40周年及中国人民大学国际关系学院建院70周年，中国政治学会、中国人民大学国际关系学院主办了人大政治学论坛2020暨首届历史政治学年会，来自国内外知名高校和科研院所的近百位学者围绕"'大一统'与治理现代化"这一主题展开深入研讨。再如2022年5月，在历史政治学提出三周年之际，"政治学人"平台联合中国人民大学历史政治学研究中心举办了"历史政治学：共识与反思"大学问研讨会。来自国内十余所知名高校政治学专业的12名嘉宾进行了主题发言与对话研讨。

此次活动通过"腾讯会议+bilibili直播"的形式进行,直播间观众最高时超过了1.4万人次。中国人民大学国际关系学院将举办第三届历史政治学年会,主题为"厘定中国的国家形态"。该届年会结束后将举办第一届历史政治学研习班,邀请资深学者向青年学者和研究生讲授并共同研讨历史政治学的理论、方法和议题。

第三,人才培养方面,2021年9月,中国人民大学国际关系学院与历史学院组建"历史与政治实验班",荟萃国关、历史两院雄厚学术资源,希望融会贯通历史、政治学两个专业的理论与方法,旨在打破因学科分立带来的思维局限,培养视野宏阔、素养厚重、知识系统、能力出色的新时代复合型人才。

第四,学术期刊方面,2018年2月,中国人民大学国际关系学院创办《中国政治学》学术刊物。该刊为政治学专业学术集刊,由中国社会科学出版社出版。期刊在2018—2019年为半年刊,自2020年起每年出版四辑。期刊立足中国经验,放眼世界政治学前沿,倡议从历史政治学的路径出发,贯通规范研究和经验研究,引领和提升中国政治学学科的发展。期刊设有政治学理论、中国政治、比较政治三个常设栏目,以及历史政治学、书评等专题栏目。当月,中国人民大学国际关系学院创办《世界政治研究》学术刊物,旨在推广"大政治学"的概念,倡导以世界视野研究重大政治问题,促进国际政治与比较政治两大学科群的交流和整合,并推动区域国别研究与政治学理论的结合。该刊前身是2013年创刊的《比较政治评论》。期刊在2018—2019年为半年刊,自2020年起每年出版四辑。《世界政治研究》面向国内外公开发行,重点刊发国际政治、比较政治、国际政治经济学、比较政治经济学、全球治理、区域和国别政治等领域的优秀学术成果。《中国政治学》和《世界政治研究》已成为历史政治学的重要学术阵地。国际学术界也敏锐地把握到中国政治学发展的新动向,英文国际期刊将专刊推出历史政治学。

历史政治学正在重塑中国政治学的知识体系以及知识体系基础上的话语体系和学科体系。笔者提出的"中华文明基体论"本身就是一个本体论性质的历史政治学概念。给一个简单的概念,所谓文明基体论,就是生活在固定疆域的族群,在几千年的历史长河中,因文教传统而形成的恒定的文明信念和生活方式。其中,关键词是:特定族群、不变的文字、固定疆域、共享信念、基因、文教传统、文明共同体。据此,能够称得上文明基体的国家在世界上并不多。"中国文明基体"可以拓展为"中华文明基体",即那些已经游离华夏大地的华裔族群依然按照中国文明基体中的文明信念和生活方式而存续。据此,"中华文明基体"的主体疆域是中国,而边界则是世界性的。就政治层面而言,"中华文明基因共同体"的核心要素可以概括为:大一统的国家观、民本思想的政府观、仁爱为本的社会关系以及对外关系上的天下观,它们都通过文教传统而延续。中华文明传承五千年而不曾中断,是世界文明史上的奇迹。另外,在国家、政府(政体)、政党等政治学概念上,历史政治学都有新表述。这些理论推进主要包括但不限于如下所列。

第一,国家论。政治学理论中流行的国家类型是产生于欧洲中世纪后期的"民族国家",其词根是"民族"(nation),对外关系必然表现为民族主义扩张的帝国主义。西方人正是将中国也视为民族国家,才得出中美关系中的"修昔底德陷阱"谬论。历史政治学研究发现,中国自古以来就是不同于西方民族国家的"文教国家"——一种文教、多种宗教、多元民族构成的"文明型国家"[①]。"文教国家"对内讲究的"致治"即治道,对外追求"天下大同""和谐万邦"。追求"致治"的"文教国家",其中的政府必然是养民爱民的厚生主义哲学,而不是追求利润最大化的资本主义哲学。

第二,治体论。国家诞生以后便是如何组织国家权力的问题,西方自古以来流行的便是"政体论"——关于政权组织方式的理论,以为有了良好的政体一切问题便都解决了。但是,世界政治史并不支持这种历史哲学。中国一开始便是大型政治共同体,老祖宗面临的不单是如何组织权力的问题,更是如何管理大型政治秩序的问题,先秦的管仲、商鞅都是如此。因此,有学者基于中国政治思想史的研究,提出了包括治理价值、治理维度和治理方法的"治体"概念,[②] 这远比西方政治学中的政体概念更有包容性和解释力。

[①] 姚中秋:《一个文教,多种宗教》,《天府新论》2014年第1期。
[②] 任锋:《中国政学传统中的治体论:基于历史脉络的考察》,《学海》2017年第5期;任锋:《立国思想家与治体代兴》,中国社会科学出版社2019年版,第46页;任锋:《治体论的思想传统与现代启示》,《政治学研究》2019年第5期。

第三，政党论。西方政治学中的政党被视为一种利益集团，基本上都是为了争夺执政权的"掮客型政党"，是在既定宪政秩序下诞生的一种政治力量。但是，以俄罗斯和中国为代表的很多后发国家，政党成为建立国家、组织国家、治理国家的力量，是一种新型的"使命型政党"。因此，在社会科学脉络上，应该有一个与社会中心主义和国家中心主义相对应的"政党中心主义"——以政党为中心的研究单元，以区别于基于英国、美国和德国政治发展经验的理论化。

第四，干部制。政治说到底是人对公共生活的管理活动。西方被马克斯·韦伯总结为官僚制或科层制——一种非人格化、等级化、绩优制的行政管理体系，这是西方公务员制度的理论来源。这种理论显然不能解释集统合教化、政治、行政等多功能为一体的中国的干部制度。有学者指出，当代干部制度的历史文明基因就是西汉以来形成的"士人政府"，士大夫融官僚、政治家、教化者角色于一体，其行动逻辑完全不同于官僚。当代中国的干部与士大夫群体有构成上的传承性，又有更强的组织性、纪律性。①

综上，国家论、治体论、政党论和干部制的新表述，构成了"中国政治学"的基本骨架，为建立中国政治学的知识体系、学科体系奠定了坚实的基础，更重要的是为观察中国政治提供了一种新史观。事实上，我们不仅用历史来理解中国，还可以从历史来理解世界。从这个角度看，历史政治学的意义就更加广阔。

第一，我们给世界政治学一个结构性的、经验性的、具有明确研究单元的概念——政治思潮诱发的国内制度变迁以及在此基础上塑造的国际关系和世界秩序。政治思潮属于政治理论的范畴，国内制度变迁属于比较政治学的范畴并聚焦于制度分析，大国关系和世界秩序属于国际政治学的范畴并聚焦于大国关系，因此世界政治学是政治理论、比较政治和国际关系的一种综合式集成研究。国际关系和世界秩序是一种结果性结构或者现状性结构，而政治思潮和国内制度变迁则是一种历时性的过程性结构研究的对象。

---

① 姚中秋：《领导型治理者：对士大夫的历史政治学研究》，《江苏行政学院学报》2021年第2期；姚中秋：《干部作为政治能动者的一种类型：一个初步的分析框架》，《江苏行政学院学报》2022年第2期。

第二，世界政治的研究单元是政治思潮。是什么力量让国内外政治联结起来，甚至同频共振而具有世界政治性质呢？无疑是政治思潮。这样的判断来自历史经验而非意识形态假设。资本秩序引起国内政治的不平等，因此激发了以平等、公正为目标的社会主义运动；殖民主义体现世界政治的不平等，激发了民族自决权诉求的民族主义运动。我们之所以特别强调政治思潮，是因为长期以来国际关系学乃至比较政治研究都忽视其重要性，从而导致研究质量的下降。政治思潮研究单元主要用于理解深层结构问题，而深层结构是理解国家主体的单元层次、社会主体的次单元层次的前提。

第三，以世界为方法，不难看出世界政治史本质上就是自由帝国主义构建世界秩序以及作为"反向运动"的社会主义—民族主义重组世界秩序的历史进程。世界体系理论旨在寻找新的更加公正的世界秩序。世界政治学试图超越西方中心主义的国际关系理论，从而构建新的世界秩序观。

第四，作为学科的世界政治学至少包括两大部分：世界政治的演化轨迹（世界政治史）及其在现实世界政治的一些连续性现象；基于世界政治史而形成的世界政治理论。无论是世界政治史还是世界政治理论的研究，都离不开历史政治学的研究路径。在某种意义上，历史政治学是一种"回到事情本身"的现象学，因而是寻求真相的世界政治史的一种最佳研究路径。如果说世界政治史是世界政治学的基础，世界政治理论则代表着世界政治学的发展状况。我们认为，最能真正解释世界政治的现有理论还是帝国主义论以及在此基础上衍生出来的世界体系理论，旨在维护不平等结构的文明冲突论，还有我们寻求替代性世界秩序的世界政治体系理论，这些理论的研究路径都离不开历史政治学。[①]

历史政治学的提出，将会有力推进政治学本土化，推动自主性中国政治学学科体系和话语体系建设。我们要清醒地认识政治学本土化，处理好本土化和国际化的关系。

第一，历史政治学根植于本国经验是无可厚非的，因为任何一国的社会科学都是本国中心主义的，理论化当然不能无视外部世界，何况世界政治史

---

① 杨光斌：《世界政治学的提出和探索》，《中国人民大学学报》2021年第1期。

和世界政治学也是我们的知识增长点。

第二，中国文明的普遍性与特殊性问题。中国人习惯于视自己为特殊性，其实从儒释道合流到洋务运动，再到新中国先后学习苏联和美国，中国文明因包容性而带来的普遍性可见一斑。

第三，比如关于中国早发的现代性问题。现代性是西方人定义的，有了世俗化、官僚制和民族国家，就是相对于传统政治的现代性。以此而言，秦的世俗性、官僚制和国家建制不容置疑，更何况从先秦到今天的民本思想，都有现代性的一面，只不过那时缺少的是个人权利。因此，不同的现代性标准决定着对现代化历史如何叙述，而现代性的标准还有待我们深入研究。

第四，建构自主性、"中国性"的学说，并不意味着拘泥于"特殊性"而排斥所谓的"普遍性"。其实，近代以来，中国难道不是一直在拥抱、接受"现代性"和"普遍性"吗？相反，西方国家又接受了多少非西方文明的"普遍性"呢？应该换个角度看问题，为什么西方国家宣称其文明是普遍的乃至"普世主义"的，而中国人却一直自认是"特殊的"？在比较文明的意义上，没有哪一种文明是"普世主义"的，文明只能是多元的。文明的普遍性与特殊性之分是假问题，多元文明互鉴是真问题。之所以还存在特殊性与普遍性之争，这是中国一度落后于西方而形成的历史印记，是中国人陷入的一种"问题陷阱"。如果非要说中国的"特殊性"，那就是中国是世界上唯一连续几千年存在的政治共同体，这应该是任何其他文明体可望而不可得的"特殊性"。

历史政治学的提出，无疑是2019年中国政治学发展的一大亮点，并迅速获得了学界的积极回应。在中国政治学界，很少有哪个学术概念甫一提出就产生如此多、主题如此集中的学术成果。与此同时，大批量的学术成果正在产生之中，以历史政治学为中心的国内学术共同体已经形成。

第一，建设自主性政治学或中国特色政治学必须回到中国历史，在研究历史中发现和提炼政治学的概念和理论。中国历史有其独特属性，那就是政治史属性。因此，很多中国人习惯以历史的思维去看待问题，这也是历史政治学深受学者关注的一个重要原因。

第二，能够连续性存在几千年的政治文明体，自然蕴含着政治学理论的宝贵资源，是发掘历史政治学的富矿，但中国历史上的丰富政治思想和政治实践未能被系统表述为学科化、概念化的政治学理论。未来，需要结合中国政治史或比较历史重新界定相关概念，推进政治学的方法论研究，这应该是中国政治学的努力方向。

第三，未来要建设作为社会科学基础学科的自主性政治学，需要在政治学原理体系意义上对政治学最基本概念和方法做历史政治学的重构。除了需要重新解释政治文化理论、国家理论、政府理论、政体理论、政党理论、民主理论、现代化理论等最基本概念外，需要结合中国政治史或比较历史重塑"政治"的概念以及研究政治学的方法论。

第四，中国政治学要取得更大的成就，要取得让世界同人刮目相看的研究水平，不但要做到本土化，还必须形成"以中国为方法"的研究路径和学派。[1]"以中国为方法"至少有两个含义：一是不但以本土化的中国为中心；二是以中国为中心研究所产生的认识论、方法论知识还将成为一种"尺度"或者"标准"。

---

[1] 杨光斌：《以中国为方法的政治学》，《中国社会科学》2019年第10期。

区域国别学的理论与方法

赵可金[*]

---

[*] 赵可金,清华大学社会科学学院副院长、全球共同发展研究院副院长、长聘教授、博士生导师,兼任教育部区域国别研究基地专家委员会委员、全国高校国际政治研究会常务理事、中国人民争取和平与裁军协会理事、吉林大学公共外交学院客座教授、北京外国语大学公共外交中心高级研究员、察哈尔学会高级研究员等。主要从事外交学理论、中国外交、中美关系等研究。发表 SSCI 和 CSSCI 论文 80 多篇,代表作有《当代外交学》(合著)、《政治营销学导论》(合著)、《全球公民社会与民族国家》《公共外交的理论与实践》《营造未来——美国国会游说的制度解读》。出版著作 18 部,曾获省部级奖励 5 项,入选教育部新世纪优秀人才、北京市"四个一批"优秀人才等支持计划。

基础研究

◎ **内容摘要**

摘要：区域国别学是一个新兴的交叉学科，该学科的发展得益于世界历史、政治学、经济学、社会学、外国语言文学等众多学科的共同哺育。区域国别学尽管仍处于快速发展进程之中，但也已初步形成了文明主义、国家主义和全球主义的三个基本学术范式，形成了人文学科和社会科学的众多理论和方法路径，构筑了区域国别学发展的基础。迄今为止，无论是人文学科还是社会科学的国别区域研究都一直受西方霸权体系及其知识谱系的影响，缺乏学术自主性。构建区域国别学自主知识体系，建立中国独立的国别区域研究的社会科学理论与方法十分重要。对于新时代中国区域国别学来讲，必须坚持正确的学术导向，充分汲取各学科的理论、方法和智慧，全面推进国别区域研究，助力于实现构建中国特色国别区域知识体系的宏伟梦想。

关键词：区域国别学；理论范式；学科；方法

◎ 结构摘要

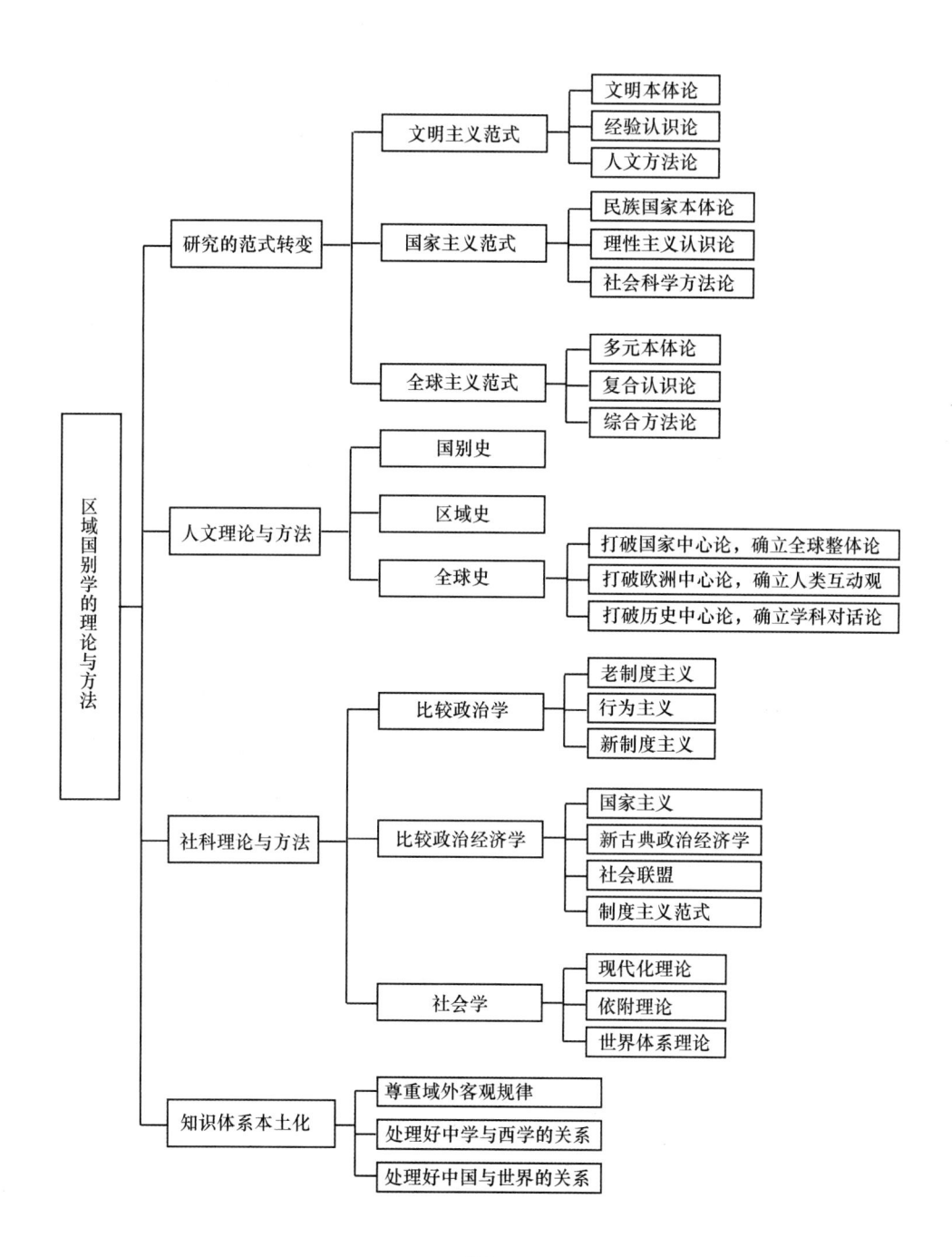

区域国别学的理论与方法
- 研究的范式转变
  - 文明主义范式
    - 文明本体论
    - 经验认识论
    - 人文方法论
  - 国家主义范式
    - 民族国家本体论
    - 理性主义认识论
    - 社会科学方法论
  - 全球主义范式
    - 多元本体论
    - 复合认识论
    - 综合方法论
- 人文理论与方法
  - 国别史
  - 区域史
  - 全球史
    - 打破国家中心论，确立全球整体论
    - 打破欧洲中心论，确立人类互动观
    - 打破历史中心论，确立学科对话论
- 社科理论与方法
  - 比较政治学
    - 老制度主义
    - 行为主义
    - 新制度主义
  - 比较政治经济学
    - 国家主义
    - 新古典政治经济学
    - 社会联盟
    - 制度主义范式
  - 社会学
    - 现代化理论
    - 依附理论
    - 世界体系理论
- 知识体系本土化
  - 尊重域外客观规律
  - 处理好中学与西学的关系
  - 处理好中国与世界的关系

◎ 观点摘要

1. 国别区域研究是一门学科，意味着其已经形成了明确的核心问题以及围绕这一核心问题产生的一系列理论和方法，构成了一个系统的研究规划，或者称为研究纲领。

2. 文明主义范式在本体论、认识论和方法论上确立了比较完整的研究框架。在本体论上，文明主义范式将国别区域研究界定为文明和文化的研究；在认识论上，文明主义范式坚持经验主义的认识论；在方法论上，文明主义范式强调人文学科的方法。

3. 国家主义范式在本体论、认识论和方法论上也确立了比较完整的研究框架。在本体论上，国家主义范式将国别区域研究界定为对民族国家的研究；在认识论上，国家主义范式崇尚理性主义的认识论；在方法论上，国家主义范式更推崇社会科学的方法论。

4. 在全球主义范式观照下，国别区域研究在本体论、认识论、方法论等各层面都充斥着激烈的争论。在本体论上，全球主义范式关注的对象既包括作为政治体的国家，也包括作为经济体的区域，还包括作为文明体的区域，是区域政治、经济、文明的复合体；在认识论上，全球主义范式既强调理性主义，也重视经验主义；在方法论上，全球主义范式强调实现人文学科和社会科学的比翼齐飞。

5. 人文学科是国别区域研究的基础学科之一，在理论和方法上对国别区域研究贡献最大的还是历史学，包括国别史区域史的研究、全球史的研究。

6. 社会科学是国别区域研究的基础学科之一，包括比较政治学理论与方法、比较政治经济学理论与方法、社会学理论与方法。

7. 助力国别区域研究的本土化，必须尊重域外世界的客观规律；必须处理好中学与西学的关系；必须处理好中国与世界的关系。

国别区域研究是一门学科，意味着其已经形成了明确的核心问题以及围绕这一核心问题产生的一系列理论和方法，构成了一个系统的研究规划（Research Program），或者称为研究纲领。所谓研究纲领，指的是为实现一个理念而对种种活动和资源做出的协调一致与合理安排。英籍匈牙利著名数学哲学家和科学哲学家伊·拉卡托斯在卡尔·波普尔证伪主义方法论基础上，提出了著名的科学研究纲领，以之衡量思想家们的理论。[①] 根据拉卡托斯的观点，作为一组具有严密内在结构的科学理论系统，科学研究纲领由三部分组成：一是中心的"理论硬核"，"硬核"是这个科学研究纲领的核心部分或本质特征，揭示科学发展过程中的一个"新颖事实"，决定研究纲领发展的方向，对所研究对象的根本性质做出断言。二是在理论硬核周围的"保护带"——辅助假说，辅助性假设构成完整的理论系统或理论链条，每个后继的具体理论都更充分地表达"硬核"，更好地保护"硬核"。同时，研究纲领反过来又可以促进更复杂、更完善的具体理论发展。三是最外层论证辅助假说的"解题手段"，这些"解题手段"使辅助假说在技术上实现展开，将理论批判的焦点集中在辅助假说地带，并提出了新的"理论事实"。

得益于众多学科的前期参与，国别区域研究已经形成了成熟的研究纲领，确立了明确"理论内核"、辅助假说和"解题手段"，不仅在不同历史时期形成了不同的范式景观，而且也已形成解释不同问题的理论观点和研究方法。只有系统学习相关的理论方法，研究者才能登堂入室以窥全貌。

一 国别区域研究的范式转变

国别区域研究是一个自成体系的科学研究纲领，它经历了发生、发展、变化的不同阶段，在某一特定阶段都形成了独特的研究范式（paradigm）。

[①] ［英］伊·拉卡托斯：《科学研究纲领方法论》，兰征译，上海译文出版社1986年版。

"范式"在本质上是一种理论体系，是一种对本体论、认识论和方法论的基本承诺，是科学家集团所共同接受的一组假说、理论、准则和方法的总和，这些要素形成了科学家的共同信念。因此，范式的意义在于确立某一科学论域内关于研究对象的基本意向，界定什么应该被研究、什么问题应该被提出、如何对问题进行质疑以及解释答案时该遵循的规则。尽管作为多学科融合的交叉学科而非单一学科，国别区域研究在特定时期却也形成了约定俗成的研究范式。

（一）文明主义范式

国别区域研究是一门古老的学问。无论是上古、中古时期文明古国皇帝去海外寻求长生不老药方的朴素梦想，还是欧亚大陆各方打开丝绸之路的"凿空之旅"，不论是欧洲传教士远赴海外传播教义的不懈努力，还是三保太监郑和率领大规模船队七次下西洋的历史壮举，当时各方对海外知识建构的努力都不同程度地承载着文化传播的使命。在长期历史发展过程中，持节承命的使节、云游四方的游侠、取经诵经的僧侣和教士、重利轻义的商贾、逐水草而居的游牧部落，所有对域外知识感兴趣的群体，都不同程度地扮演着"文化搬运工"的角色，其主要以留学生、外国技师、传教士、贸易商、殖民者、观光客为代表。他们将瓷器、茶叶、丝绸、香料、宗教、制度、习俗、观念等传递四方，推动了不同地区之间的文化交流和文明交融。这些人即便受命于朝廷和君主，甚至带有强烈的战略需求和帝国梦想，但总体上受帝国实力鞭长莫及的制约，孤身海外的使团、僧侣和商队只能从事一些地区间的文化交流。他们留给后人的更多是经典著述、神话传说，激励着一代又一代人前赴后继，不断累积域外知识的大厦。博望侯张骞是如此，三藏法师玄奘亦是如此，即使统率庞大船队的郑和最终也是如此。

作为国别区域研究的第一个范式，文明主义范式在本体论、认识论和方法论上确立了比较完整的研究框架。具体来说，主要包括三个部分。

第一，在本体论上，文明主义范式将国别区域研究界定为文明和文化的研究。所有域外的知识被理解为文明的等级化体系，普遍具有我族中心主义的色彩，一切本土文化被赋予神圣化色彩，而一切外来知识被定义为"海外世界"或"方外世界",本土文化的对外交流传播被看作传教或布道之类的神圣事业。因此,礼治教化与王化未及、皈依者与异教徒、罗马法与万民法、文明古国与蛮族部落等形形色色的说法成为本土与域外的分界线。"海外有仙山,缥缈云海间""海内存知己,天涯若比邻"……在世界各地文明国家的诸如此类说法背后集中反映出国别区域研究的宗教和伦理视角,海外世界的新事物往往被解读为"奇技淫巧",不足为本国所虑。

第二,在认识论上,文明主义范式坚持经验主义(empiricism)的认识论,认为域外知识是人类经验的产物。经验主义是一种认识论学说,认为人类知识起源于感觉,并以感觉的领会为基础,认为感性经验是知识的唯一来源,一切知识都通过经验而获得,并在经验中得到验证。经验主义诞生于古希腊,距今已有2400余年的历史。文明主义范式认为,域外知识的建构主要来源于旅行经验。在欧洲人的海外知识构建中,《马可·波罗游记》具有十分重要的地位,这部游记有"世界一大奇书"之称,是人类史上西方人感知东方的第一部著作,它向整个欧洲打开了神秘的东方之门。[①]《马可·波罗游记》共分四卷,第一卷记载了马可·波罗诸人东游沿途见闻,直至上都止。第二卷记载了蒙古大汗忽必烈及其宫殿、都城、朝廷、政府、节庆、游猎等事,以及自大都南行至杭州、福州、泉州及东地沿岸及诸海诸洲等事。第三卷记载日本、越南、东印度、南印度、印度洋沿岸及诸岛屿,非洲东部。第四卷记君临亚洲之成吉思汗后裔诸鞑靼宗王的战争和亚洲北部。每卷分章,每章叙述一地的情况或一件史事,共有229章。书中记述的国家,城市的地名达100多个,有山川、地形、物产、气候、商贾、贸易、居民、宗教信仰、风俗习惯等,乃至国家的逸闻琐事、朝章国故也时时夹见其中。同样,在中国人的海外知识建构中,《海国图志》和《瀛寰志略》等著作也具有十分重要的地位。

第三,在方法论上,文明主义范式强调人文学科的方法,强调归纳法和演绎法并重,强调知与行合一。在中国,从孔子开始就在求知的方法上强调学思结合,主张"博学""多闻"和"多见"。孔子明确提出"学而不思则

[①] [意大利]马可·波罗:《马可·波罗游记》,梁生智译,中国文史出版社1998年版。

罔，思而不学则殆"。根据这一原则，孔子还提出"举一隅而以三隅反""叩其两端而竭"等方法。他强调"毋意、毋必、毋固、毋我"，即反对臆测、武断、固执、主观的思想方法。① 自孔子以后，百家争鸣，方法辈出。墨子注重实际验证或实际应用的经验之法，老庄则推崇以直觉之法以冥思领会宇宙根本，荀子将观物与体道结合以求得宇宙万物的普遍知识。从汉唐宋到元明清，中国思想家一脉相承，在道统之下拢天地于形内，强调"格物致知""即物而穷其理也"②。王夫之把前人所讲的格物致知分解为二：格物指从事物、经验中求得道理，即归纳法；致知则指思辨推理的方法，即演绎法。同时，他认为两者相互补充，不可割裂，"非致知则物无所裁，而玩物以丧志；非格物则知非所用，而荡智以入邪。二者相济，则不容不各致焉"③。自古希腊苏格拉底开始，西方就十分重视归纳与演绎。苏格拉底通过整理不同的概念，比较、分析、定义等，优先考虑思维的对话性，即共同实现真理。柏拉图重演绎之法，亚里士多德推崇归纳之法，两者交相辉映，确立了西方知识建构的千年传统。近代以来，在大工业革命和自然科学兴起的推动下，英国哲学家培根确立了近代方法论的基石，他推崇科学，反对宗教神学和经院哲学，在《新工具》中，总结了科学实验的经验，提出了新的认识方法即经验归纳法。培根用他的方法体系武装了科学，推动了科学的发展。④ 法国哲学家笛卡尔提出了理性演绎方法论。⑤ 他同培根一样，反对经院哲学，主张发展科学。笛卡尔不满意经院哲学从圣经教义出发的演绎法，认为从中得不出任何可靠的知识。一直持续到19世纪前，由于整个自然科学还处于搜集材料的阶段，西方对国别区域研究的经验主义传统决定了只能走人文学科的方法路线，并未形成系统的社会科学路线。

集中体现文明主义范式的典型案例是长期持续影响西方人对世界理解的"东方主义"（Orientalism）。最早的区域国别研究出现在欧洲，是人文学科路

---

① 《论语》，杨伯峻，杨逢彬注译，岳麓出版社2018年版，第23、88、111页。
② 《大学·中庸》，蒲晓娟译注，四川人民出版社2019年版，第29页。
③ 王夫之：《尚书引义》，王孝鱼点校，中华书局1962年版，第65—68页。
④ ［英］培根：《新工具》，许宝骙译，商务印书馆1993年版。
⑤ ［法］笛卡尔：《谈谈方法》，王太庆译，商务印书馆2000年版。

线的典型代表，它与欧洲殖民主义活动相伴随而生。当时，殖民者希望了解殖民地的风俗、人情、社会经济与政治，于是出现了对"他者"的研究。人类学的出现便是这方面的例证，并形成了东方主义的路线。"东方主义"或译为"东方学"，原是研究东方各国的历史、文学、文化等学科的总称，爱德华·萨义德在《东方学》一书中将其界定为一种西方人貌视东方文化，并任意虚构"东方文化"的一种偏见性的思维方式或认识体系。① "Orientalism"的本质性含义是西方人对东方人文化上的一种控制方式，认为研究者抱着欧洲帝国主义态度来理解东方世界，又或是指外来人对东方文化及人文的旧识及带有偏见的理解。在"西方"的知识、制度和政治或经济政策中，长期积累着那种将"东方"假设并建构为异质、分裂和"他者"化的思维。在一些激进的作品中，东方甚至被认为是西方的对立面，即将所谓"他们"（They）表现成"我们"（Us）的反面。萨义德借用福柯的话语概念考察了东方主义，并试图阐明权力如何通过话语起作用、权力如何产生认识，以及关于"东方"的认识本身如何表现了社会权力关系。最初，东方主义主要依靠宗教使命和宗教利益，而非政治和经济利益；后来，逐渐发展成为完全以欧洲殖民者的政治、经济和文化利益为出发点，主要通过宗教和语言视角对东方的经验和历史进行研究，并忽视对现在和未来的研究。在东方主义者看来，东方没有未来，只有西方有未来。因此，东方主义是以西方文明为中心的国别区域研究，它对国别区域的研究不是从东方本身为出发点来理解，而是从西方资本主义和殖民主义扩张中遇到的问题来理解亚洲、非洲和斯拉夫世界，其实质是承载西方的文化使命，而不是东方的客观知识。事实上，很多国家都存在以自我为中心来构建海外知识的倾向，将自己所处的地区作为世界地图的中心，以自身的视角出发来解读域外世界，所有这一切都不同程度地存在着类似于"东方主义"的问题，归根到底都是由文明主义范式所决定的。

在经历了长达数千年的文明主义范式洗礼后，国别区域研究形成了以语言和文化为中心的学术景观，主要走的是人文学科的路线。国际学界形成了关于中国古代语言文化研究的汉学，其主要研究古文和哲学、文学、音韵学、

---

① ［美］爱德华·萨义德：《东方学》，王宇根译，生活·读书·新知三联书店1999年版。

史学、政治、社会、经济、书法等，但不包括现代中国研究。从地理分布来看，汉学包括美国汉学、欧洲汉学、东亚汉学三大板块，主要是对于1850年以前、1911年以前或者1949年以前中国的研究，这之后的时期则属于现代汉学领域。同样，中国对国别区域的研究在新中国成立之前也呈现出类似的景观。相比"中学"，将外来之学称为"西学"，专指近代传入中国的自然科学和商务、教育、外贸、万国公法等社会科学，在日本则称为"兰学"。此外，来自印度的"天竺梵学（佛学）"和来自伊斯兰教的"回学"，也均属于中国域外知识的重要代表。

（二）国家主义范式

国别区域研究也是一门年轻的学问。18世纪以来，民族国家成为国别区域研究的主要推动者，也是国别区域研究的主要对象。尤其是世界大战爆发后，出于服务战争的需要，原有的东方主义视角下的宗教和语言研究难以实现战争的目的，人文学科的相关研究过多关注对过去的语言、文学和历史的研究，而战争需要国别区域研究侧重现在和将来的研究。情报研究、战场调查、战略战术分析、政策研究等开始成为国别区域研究的重点，一些原来从事语言学习、外国历史、外国文学研究的学者开始加入军队情报参谋体系，推动了国别区域研究从文明主义范式转向国家主义范式。尤其是第二次世界大战以后，殖民体系分崩离析，越来越多的殖民地国家实现了政治独立，且随着"冷战"的爆发，那种慢条斯理的东方主义学术路线的基础已经不复存在，走向了服务国家战略需要的国家主义范式，区域与国别研究重镇从欧洲向美国转移，成为美国对外政策重要的知识支持。

作为国别区域研究的第二个范式，国家主义范式在本体论、认识论和方法论上也确立了比较完整的研究框架。具体来说，其主要包括以下三部分。

第一，在本体论上，国家主义范式将国别区域研究界定为对民族国家的研究，国别区域研究的相关知识被理解为国家战略资产，一切域外知识均强调服务于国家的战略需要。在文明主义范式那里，识别本土与海外的主要界限不是国家的领土线，而是文明的区域线。比如，中华文明就一直比较淡化边界观念，而长期恪守边疆的概念。边疆概念主要是一个文化概念，并没有一条清晰的分界线。相比之下,国家主义范式则十分强调国家边界,对域外知识也主要强调对其他国家相关情况的了解,强调其地缘安全、地缘经济和地缘文化的意义,最终的落脚点是服务国家的国际战略与外交需要。"冷战"期间,美国的区域研究和苏联的区域学是国家主义范式的典型代表,双方在世界范围内展开了激烈的争夺,每一方都投入巨大的资源和精力,所形成的知识主要服务于"冷战"的需要。在"冷战"对峙下,其他国家的国别区域研究也很难逃脱国家主义范式,国别区域研究被纳入国际问题研究,"中间地带理论""第三世界理论""边缘地带理论""多米诺骨牌理论"等都是作为国际战略理论而出现的,一切域外知识都要被放到民族国家的战略需要框架下重新评估,承担了越来越多的战略使命。

第二,在认识论上,国家主义范式崇尚理性主义的认识论,认为域外知识是专业人士理性研究的产物。理性主义(rationalism)是建立在承认人的推理可以作为知识来源的理论基础上的一种哲学方法。一般认为,其随着笛卡尔的理论而产生,17—18 世纪间主要在欧洲大陆上传播,本质上体现科学和民主,是启蒙运动的哲学基础。典型的理性主义者认为,人类首先本能地掌握一些基本原则(如几何法则),随后可以依据这些推理出其余知识。因此,美国推动的区域研究重视西方理论和方法的普适性,国别区域研究只不过是在不同程度地检验西方理论的适用性。比如,在政治学关于国别区域研究的发展进程中,自伍德罗·威尔逊和查尔斯·梅里亚姆开创现实主义政治学以来,美国政治学中就有一种理性主义追求,期望政治科学能够揭示一些像物理学那样清晰而确定的规律,这些规律可以帮助他们将良善的政治制度传播到整个世界。[1] 第二次世界大战后,阿尔蒙德等人推动的政治发展研究和白鲁恂(Lucian Pye)等强调推动政治文化的比较研究,就是以西方政治文化为蓝本,推动其他国家向着西方政治制度发展。[2] "冷战"时期,受到苏联卫星发射成功的刺激,美国国内科学危机感盛行,美国通过《国防教育法案》推

---

[1] [美]伍德罗·威尔逊:《国会政体:美国政治研究》,黄泽萱译,译林出版社 2019 年版;[美]查尔斯·梅里亚姆:《美国政治思想》,朱曾汶译,商务印书馆 1984 年版。

[2] [美]加布里埃尔·A. 阿尔蒙德、西德尼·维巴:《公民文化——五个国家的公民态度和民主制度》,张明澍译,商务印书馆 2014 年版。

动将区域国别研究置于社会科学学科之下,东亚研究、拉美研究、非洲研究、中东研究、苏联和东欧研究,都被置于经济学、政治学、社会学、人类学等社会科学学科之下,并导致美国陆续出现了一系列进行国别区域研究的硕士、博士项目,至今没有根本性变化。同时,在《国防教育法案》的支持之下,许多在大学之外的智库和社会研究机构也建立起来,使得国别区域研究进一步深化。"冷战"之后,关于普世主义和中国模式的争论,就是此种理性主义认识论的重要产物。

第三,在方法论上,国家主义范式更推崇社会科学的方法论。第二次世界大战之前传统的国别区域研究在很大程度上使用人文学科的方法,这种方法强调以语言为基础理解区域与国别历史与文化,至今仍是区域与国别研究的基础。第二次世界大战之后,国别区域研究越来越倾向于政治学、经济学、社会学等社会科学的方法,试图以理论分析、比较甚至量化的方法构建分析框架。1997年,美国政治学会主席罗伯特·贝茨指出:"学术界已经形成共识,区域研究无法产生科学知识。他们看到区域研究的专家背离了社会科学,投入了人文学科的阵营。……他们在统计知识和数学方法领域,在理论追求方面落后于社会科学其他学科。"[1] 贝茨这种态度很大程度上折射出社会科学家的理性主义傲慢,也凸显了社会科学方法论对国别区域研究的深刻影响。当然,即便是在社会科学内部,不同领域对国别区域研究的态度也并不相同。经济学的帝国主义倾向最为明显,其在方法论上高度依赖量化分析和规范性模式研究,倾向于将特定区域与国别的经济研究纳入统一的分析框架之中。相比之下,尽管也有不少社会学和政治学学者追求量化分析的路线,倾向于用一套分析模式去观察不同的国家和社会,考察这一特定的分析模式在不同国别区域的适用性,但更多学者还是强调比较分析、历史分析、理论分析等研究方法,因为在不同文化、不同历史背景下的不同国家和区域的人们,其政治行为动机和行为模式可能全然不同。对于特定区域的分析,必须建立在对区域国别文化与历史背景的深入了解之上。离开这种了解,想深刻理解该

---

[1] R. H. Bates, "Area Studies and Political Science: Rupture and Possible Synthesis", *Africa Today*, Vol. 44, No. 2, 1997, pp. 123 – 131.

地区的社会政治秩序与社会政治变迁是不可能的。

文明主义范式和国际主义范式之间的区别十分明显。以西方的中国研究为例，汉学（Sinology）和中国研究（China Studies）是两门不同的学科，汉学指中国以外的学者对有关中国的方方面面进行研究的一门学科，甚至也包括对海外华人的研究。以人文方法研究中国问题的学者通常被称为"汉学家"，所谓的汉学家通常受过中国语言的训练，或在语言基础上有较好的中国文学及历史知识。中国研究则是由费正清创立，以外交、政治制度、国际关系等为核心内容的研究。用社会学方法研究中国问题的学者一般很不愿意被称为汉学家，他们是某一个学科的专家，只是碰巧在比较研究过程中选择中国作为研究对象。这类学者具有良好的某个学科的知识背景，但往往对中国的实际情形知之甚少。他们很少有人能够阅读中文，关于中国的研究在相当程度上依赖二手材料。此外，区域研究方法论的争论在很大程度上反映了关于演绎和归纳逻辑、普遍主义和特殊主义的争论。不过，我们必须明确，运用社会科学方法研究区域与国别问题不可能代替传统的人文式研究，对一个国家和区域的了解需要将理论分析和经验研究结合起来，文明主义与国家主义的区分只是为了比较二者在不同阶段的特征，并不意味着两者相互否定。

（三）全球主义范式

20世纪90年代以来，随着"冷战"的终结，由战略目的驱动的国别区域研究在欧洲和美国的地位开始下降，但在新兴国家（比如俄罗斯和中国）却开始崛起。对于这些国家来说，国别区域研究的首要目的还是满足和服务国家战略。更重要的趋势是，随着经济全球化的发展和全球性问题的不断涌现，国别区域研究越来越被置于全球主义的视角下重新评估：一方面，国别区域研究开始聚集在全球化研究的旗帜下，从各自学科视角思考一些比如气候变化、生态保护、女性权利、少数族裔等全球性问题，尤其是在一些欧美发达国家，受现实社会领域和欧洲思想领域中的马克思主义、结构主义和后结构主义、后现代主义等思想的冲击，原先的国别区域研究开始被一些亚问题的研究撕裂，步入了文化多元化发展的轨道，呈现为碎片化的场景；另一方面，区域一体化浪潮和区域合作日益升温，出现了基于身份认同的新区域主义，各种非西方经验和框架为基础的新区域研究开始加强,中国推动的"一带一路"倡议以及其他区域一体化的努力,均表明区域研究也在进行新的努力。因此,当前我们面临的是社会科学研究从以西方经验和知识框架为基础,向以多元文化世界经验为基础转型的时代。在全球主义的观照下,以多元文化世界为对象,以区域一体化和区域合作为新载体,国别区域研究将会为社会科学发展做出巨大贡献,推动建立一个全球主义的国别区域研究范式。

与文明主义、国家主义范式不同,全球主义范式的分析单位是全球性和全球利益,强调以人类中心论和世界政体论来研究全球治理,认为全球治理就是通过具有约束力的国际机制解决全球性的冲突、生态、人权、移民、毒品、走私、传染病等问题,以维持正常的国际政治经济秩序。在学术界,以詹姆斯·罗斯诺、戴维·赫尔德、罗伯特·罗茨、罗伯特·基欧汉等人为代表。[1] 一种乐观的观点认为,全球化和全球性公共问题的日益凸显,加速国际事务与国内事务界限的消退,取而代之的是"地球村"和人类命运共同体,人们将越来越确立一套共享信念、价值、制度、社会网络等全球主义意识。不少学者认为,民族国家在全球化潮流中最终将因制度选择而被新组织机构淘汰,国家权威在防务、金融和提供福利三个层面正在逐步被侵蚀。特别是随着全球性问题的大量涌现,认为全球治理应该是一个规范的系统,主张所谓"没有政府的治理",就是一个由共同的价值观和共同的事业来指导的管理体系,它通过共识建立权威,治理靠的是体现着共同目标的主动精神。一些政治家,比如前联邦德国总理勃兰特、美国前总统克林顿、英国前首相布莱尔、德国前总理施罗德以及法国前总理若斯潘等都是主张全球治理的代表性政治领导人,他们在政策实践上走所谓"第三条道路",以贯彻全球治理的思想。

在全球主义范式下,全球治理被视作治理在世界范围内的放大,是包括国家和非国家行为体在世界范围内协商互动,制定全球政策并推动全球公共

---

[1] James N. Rosenau, *Along the Domestic-Foreign Frontier*, Cambridge: Cambridge University Press, 1997; David Held, *Globalization/ Anti-Globalization*, Oxford: Blackwell Publishing Ltd., 2007;[美]罗伯特·罗茨:《新的治理》,载俞可平主编《治理与善治》,社会科学文献出版社2000年版,第169页;[美]罗伯特·基欧汉、[美]约瑟夫·奈:《权力与相互依赖》,门洪华译,北京大学出版社2002年版。

行政，应对全球公共问题和缔造全球治理的活动、形式、关系和过程。毫无疑问，符合全球主义范式的最典型实现形式是世界政府。作为一种构想，古往今来有无数的思想家提出了关于世界联邦（world federation）或世界政府（world government）的思想，通过建立类似于一个国家中央政府那样的世界中央政府，作为消除国际无政府状态的最高统一权威。比如，意大利文艺复兴运动的先驱者但丁（Dante Alighieri）关于《论世界帝国》的构想，[①]伊拉斯谟（Erasmus）、雨果·格劳秀斯（Hugo Grotius）、威廉·宾（William Bin）、圣·皮埃尔（St. Pierre）、卢梭（Jean-Jacques Rousseau）和边沁（Jeremy Bentham）等人也不同程度地期盼所谓的"永恒和平方案"、共和国家联盟和世界"邦联政府"，提出了和平主义（非战主义）、国际政府、国际警察部队、世界公众舆论法庭、全面裁军、建立国际法体系、消灭秘密外交、深化相互依赖等实施方案，但在第一次世界大战后引发了人们关于"乌托邦主义"的批评。"冷战"结束以后，关于世界政府的想法重新升温，比如英国学者罗伯特·斯基德尔斯基主张打造所谓的"全球契约"，成为治理全球事务的共同规范。[②] 法国学者阿塔利主张建立基于人类价值观至上获得的普遍民众认同的全球性民主政府，[③] 更多的学者强调要建立世界主义的民主治理等，所有这些主张的目的都是致力于打造世界政府。当然，迄今为止，尽管世界政府论在国际思想界很有市场，世界人民如久旱盼甘霖般地渴望世界政府，但世界政府并没有出现。

尽管人们祈盼的世界政府没有出现，但具有世界政府雏形和轮廓的变体形态却已经初露端倪，在刑事司法、人权、气候变化等领域已经开始涌现出形形色色具有管制国内事务能力的全球契约或国际机制。根据美国学者奥兰·扬的看法，国际机制在当代世界秩序中创造了一种新的治理体制——或

[①] ［意大利］但丁：《论世界帝国》，朱虹译，商务印书馆1985年版；陈乐民：《"欧洲观念"的历史哲学》，东方出版社1988年版，第47页；［法］卢梭：《通过建立欧洲联盟实现持久和平》，载《西方名著入门》，商务印书馆1995年版，第486—487页；任晓：《从世界政府到"共生和平"》，《国际观察》2019年第1期。

[②] Robert Skidelsky, "After the Crash: The Future of Globalization", *Survival: Global Politics and Strategy*, Vol. 54, No. 3, 2012, p. 9.

[③] ［法］雅克·阿塔利：《建立全球政府的十个方向》，第二届全球智库峰会，北京，2011年，会议论文。

者更确切地说,是一种"没有政府的治理"的体制。[①] 不少学者经过研究发现,现代民族国家的组织、实践以及决策过程的国际化已经出现了一个非常清楚的脉络,一国政府被限制在全球性、区域性和多边治理体系的安排之中,形成一些跨国网络行为体。这些跨国网络行为体往往不以国家主权为界,而以议题显著性为点,以跨国动员为线,以追求共同目标结网,形成具有跨国集体行动能力的社会网络,包括"议题联盟"(Coalition of Issue)、公私伙伴关系(PPP)、非正式制度安排和社会规范等形式。在其现实性上,主要包括跨国政府部门网络、跨国工商界联盟、跨国社会网络等形式,它们之间的区别主要是领域区别,在结构和行动逻辑上没有实质性差异。

在全球主义范式观照下,国别区域研究在本体论、认识论、方法论等各层面都充斥着激烈的争论。从本体论上,全球主义范式关注的对象既包括作为政治体的国家,也包括作为经济体的区域,还包括作为文明体的区域,是区域政治、经济、文明的复合体,一切与之相关的国别和区域议题均可在全球主义的观照下被重新定义。从认识论上来说,全球主义范式既强调理性主义的先验理论,也重视经验主义的经验理论,试图将两者加以调和成为和谐共处的整体。从方法论上来说,全球主义范式强调实现人文学科和社会学科的比翼齐飞。迄今为止,全球主义范式仍处于形成过程之中,还无法像文明主义、国家主义那样形成清晰可辨的轮廓。学科与地区之间的张力,这是全球主义范式下的国别与区域研究面临的主要问题。作为一个从事国别区域研究的学者,尽管可以栖身于经济学、政治学、社会学、人类学、语言学、历史学等不同学科,但其对于某一地区的兴趣的确是某一学科无法容纳的,其研究一直受到学科范式与地区经验的挤压。因此,对于这些从事国别区域研究的学者来说,无论是战略目的的区域研究,还是学科目的的区域研究,都各有利弊。在此种学术张力和学术争论下,真正以区域为本位的研究范式正呈现出新的轮廓。说到底,区域首先是一个地理学概念,其次是一个人文和社会科学概念,事关区域的认同建构问题。为什么特定的区域被认定为一个区域?这是区域研究必须围绕的核心问题,区域地理景观和文化景观的多样

---

① [美]奥兰·扬:《世界事务中的治理》,陈玉刚、薄燕译,上海人民出版社2007年版。

性，两者之间的关系，以及区域主义的前景，都是区域研究中令人倾倒的话题。

展望未来，要推动建立全球主义观照下的国别区域研究，需要超越现有各种争论，推动全球化与区域化有机互动、国别区域与学科建设深度融合、人文学科与社会科学深度对话，不断完善全球主义范式，开展"在理论指导下的并具有理论相关性的个案研究"（a theoretically in formed and theoretically relevant case study），这一路线可能代表着未来国别区域研究的方向。

二　人文学科的理论与方法

人文学科是国别区域研究的基础学科之一。一般来说，人文学科包括"文（文学）、史（历史）、哲（哲学）"和艺术，广义的"人文学科"还包括诸如现代语言和古典语言、语言学、考古学，乃至含有人道主义内容并运用人道主义的方法进行研究的社会科学研究，所有这些学科都可以为国别区域研究提供基础学科支撑。然而，在理论和方法上对国别区域研究贡献最大的还是历史学。从历史中汲取智慧是域外知识建构最主要的路径，文学、哲学、艺术等学科也有自己独特的历史，故可以涵盖在历史学特别是世界历史学科之中，其所形成的理论和方法也对国别区域研究具有十分重要的意义。

一切历史都是思想史。在历史学的国别区域研究中，不同的视角会构建不同的历史。尽管整个世界是一个整体，但人类文明最初是分散的历史，表现为不同国别史和地区史。随着近代工业革命的兴起和世界市场的形成，国别史、区域史日益转变为世界史和全球史，从欧洲主导到美国主导的西方中心主义史学到真正的全球史学的发展进程，也为国别区域研究奠定了深厚的基础。2011年以来，复旦大学文史研究院、东京大学东洋文化研究所和普林斯顿大学东亚系多次围绕有关全球史、区域史或国别史问题举行国际学术讨论会，将有关论文结集于2016年出版了《全球史、区域史与国别史》一书，[1] 明确提出了全球史/世界史、区域史和国别史的研究路径，既承认各个

---

[1] 复旦大学文史研究院：《全球史、区域史与国别史》，中华书局2016年版。

国家历史学家观察世界的差异，又努力寻找彼此相容的共识，而且还希望从理论、方法到形式上，探索一个可能的理想型全球史/世界史。毫无疑问，在这一路径基础上形成的理论和方法为国别区域研究提供了重要的学科支撑和学术支持。

（一）国别史区域史的研究

在世界历史一级学科中，国别史区域史是世界史的基础，也是国别区域研究的重要支柱，离开了对国别史和地区史的研究，国别区域研究就成为无源之水、无本之木。国别史是国别体史书的简称，是分国记载史事的史书，以国家为单位，分别记叙历史事件，也称国别体，是史书的一种体裁。中国第一部国别史为《国语》，是分国记载史事的史书。《国语》共二十一篇：《周语》三篇、《鲁语》二篇、《齐语》一篇、《晋语》九篇、《郑语》一篇、《楚语》二篇、《吴语》一篇、《越语》二篇，共七万余字，另一部国别史为《战国策》，共三十三卷。此后，"二十四史"《资治通鉴》《续资治通鉴长编》等史书皆以中华通史为主题，开列专节以介绍国别区域历史。相比国别史的以国家为单位，区域史（Regional History）也称地域史，是与整体史或总体史相对的历史研究，比国家的范围略小的区域历史研究和比国家范围略大的区域历史研究。学术界一般认为，20世纪50年代法国年鉴学派开创了区域史研究的理论与方法，而中国的区域史研究主要集中在国内各地区的历史，而非国外的区域史。公元1500年以前的世界史，基本上是地区史或国别史的拼凑。之所以如此，绝不是因为历史学家们无能，而是由于那时的世界尚未连成一片，古代国别地区研究的知识体系呈现出碎片化、分散化的特点，不同地区文明之间虽然存在联系，但比较零散、微弱和不成体系，总体上处于分散发展的状态。

在西方世界，尽管世界史从古罗马开始就已经略有基础，但自基督教史学产生后，世界史成为相对于神学史之外的宏观人类史，受到基督教很大的影响，且受制于欧洲中心论的影响。严格来讲，世界史不过是以欧洲为中心的"普世史""世界史""通史"等宏观世界史。随着新航路的开辟和工业革命的兴起，欧洲民族主义与绝对主义国家结合成为民族国家，欧洲史学开始依赖宫廷档案和职业史学,以民族国家为中心的国别史和区域史开始兴盛,但仍存在以欧洲史为中心和将世界各地历史简单拼凑在一起的问题。自19世纪末起,国家史学开始受到官方重视,国别史区域史的编纂关乎民族国家的身份建构,通过编纂国别史区域史来建构国家认同。国别史区域史不仅是文明史,更是政治史。美国著名历史学家、汉学家杜赞奇(Prasenjit Duara)的《从民族国家拯救历史:民族主义话语与中国现代史研究》集中反映了国别史区域史编纂背后的政治意图。[①] 在民族国家修史的浩大工程中,英国剑桥大学主持陆续出版的"剑桥三史"(《剑桥近代史》《剑桥中世纪史》《剑桥古代史》),代表着西方研究历史的最高水平,三部巨著问世后即被国际学术界奉为权威的历史著作,并开创了剑桥国别史和地区史系列的先河。剑桥国别史区域史系列陆续推出,成为世界经典。

长期以来,中国的国别史区域史具有极强的华夏中心倾向,世界史被理解为外国史。受制于地理因素和"华夏中心"说的影响,中国史学传统存在根深蒂固的"天下"观,并没有"世界"和"国别"的概念。在中国人眼里,中原华夏为天下之中心,礼治教化之文明中心,而周边国家和地区是蛮夷之地,往往以"外夷""番邦"之名鄙称之。自鸦片战争以后,面对西方世界的群体性崛起,中国陷入"千年未有之大变局",开始睁眼看世界,中学西学之论渐开,国别史区域史研究开始逐步走上正轨。比如《四洲志》《海国图志》《泰西新史揽要》《万国通史》《万国史略》之类的著作开始在中国面世,一直持续到20世纪初,一大批留学生赴海外留学,"西洋史"和"东洋史"逐渐成长为大学的一门课程。

新中国成立后,中国的历史学学科借鉴了苏联经验,将"中国史"与"世界史"分开,极大地推动了国别史区域史的发展。然而,此种将"中国史"和"世界史"分开的学科设置,导致"世界史"中无"中国史",而"中国史"中无"世界史"的状况。长期以来,"世界史"学科并非整体意义

---

① [美]杜赞奇:《从民族国家拯救历史:民族主义话语与中国现代史研究》,王宪明等译,社会科学文献出版社2003年版。

上的世界史，本质上只不过是外国史，亦即中国之外的国别史和地区史，忽视了从整体上对跨国家、跨地区现象的互动研究。为加强世界史的研究，1959年中国科学院哲学社会科学部历史研究所组建了世界历史研究组（后扩建为世界历史研究室）。1964年5月，经国务院批准，在原有基础上正式组建世界历史研究所。改革开放以来，世界史学科在经济史、政治史、思想史、国际关系史等传统学科基础上向世界主要地区、国家的经济史、政治史、思想文化史领域拓展，新史学范畴中的家庭史、性别史、医疗史、心态史等以及全球史、环境史的研究亦渐勃兴。1977年，北京大学历史学系开始招收世界史本科专业，除了通识教学外，还开设诸多国别史、专门史以及西方史学理论、方法的必修课与选修课课程。吴廷璆、林志纯、周谷城、蒋孟引、吴于廑、齐世荣、庞卓恒、钱乘旦等一大批知名学者不断涌现，为世界史学科发展注入了强大动力。2009年以来，在国家出版基金资助下，由商务印书馆、中国大百科全书出版社和东方出版中心强强联手推出的大型汉译出版工程，先后共计出版76种90册，是目前国内最新、最全的大型世界历史译丛，收录了一向广受瞩目的大国史、全球史和断代史，既涵盖了一些在地缘政治上较热的地区史，又涵盖了目前在国际史学界逐渐兴起的海洋史研究作品，更重要的是补足了在国内属于稀缺品种的若干中小国别史，如《奥地利史》《南斯拉夫史》《伊朗史》《希腊史》《墨西哥史》《爱尔兰史》《尼日利亚史》等，其均属填补国内空白的史学译作，具有开拓性的价值。2011年，在国务院学位委员会和教育部公布新的《学位授予和人才培养学科目录》中，世界史上升为一级学科，其下有世界史学理论与史学史、世界古代中古史、世界近现代史、世界地区、国别史、专门史与整体史五个二级学科，为国别区域研究提供了强大的学科支撑。

20世纪中后期以来，国别史区域史出现了新的发展趋势。受到"冷战"影响，各国均在战略层面重视国别史区域史研究，以适应国际形势发展的需要。"冷战"结束后，经济全球化席卷全球，形形色色的后现代主义、后殖民主义和文化批判理论席卷全球，人们对国别史区域史研究有了新的思考。对于欧洲国家来说，以"超越现代性"的视角重新书写国别史区域史对于传统国别区域研究具有颠覆性意义。对于曾经深受欧美殖民主义之苦的国家来说，重新书写国别史区域史意味着对欧美殖民主义的批判，从而可能重新确立国别区域研究的时代意义。当然，对于原本就具有强大国家权威的东亚国家来说，国别史区域史的研究意味着批判欧洲中心主义，对于释放这些国家的国际能量具有重大战略意义。不管出于何种目的，国别史区域史的研究对于国别区域研究的意义是重大的。总体来看，尽管国别史、区域史的研究更多属于历史学的基本功，在理论方法上对史学理论（文明史观、全球史观、现代化史观、社会史观、唯物史观等）基础更有贡献，但其对国别区域研究也具有夯基垒石的意义，为国别区域研究提供了足够的历史材料。如果没有国别史区域史的支撑，国别区域研究就缺少了历史厚度。

（二）全球史的研究

与国别史、区域史不同，全球史是历史学对经济全球化浪潮的反应，是针对某种自我中心主义立场特别是欧洲中心主义的世界史而来的，其理论基础是后现代理论。英国史学家杰弗里·巴勒克拉夫在20世纪中期首倡全球史观，标志着全球史在西方史学界的兴起。1963年，美国学者威廉·麦克尼尔出版《西方的兴起》一书，开启了从全球视野和互动视角来理解历史的路径，克服了此前从欧洲中心主义出发理解世界历史的缺陷，重点关注跨国家、跨地区、跨民族和跨文化的历史现象，逐渐在美国和世界各国被接受，被认为是"新世界史"（全球史）兴起的一个重要标志。

全球史研究具有独特的时空限定。从时间范畴来看，有学者认为全球史是自远古以来的人类历史，而其他一些学者认为全球史是1500年以来的历史甚至是当代全球化进程。从空间范畴来看，全球史则并不限于西方，而是涵盖了各地方、各地区，大陆、海洋和大洋盆地直至全球的各种地理层次。只要是在全球视野下的跨文化互动研究，均属于全球史研究。因此，全球史的基本理念是致力于超越"欧洲中心论"，站在全球发展的宏观历史高度，通过多重的地理空间和社会网络研究人类各个群体之间的相互交流，在全球范围内分析人类文明的产生和人类社会生活的发展。具体来说，全球史研究的基本理念体现在三个方面。

第一，打破国家中心论，确立全球整体论。

全球史突破国别史、区域史的"民族国家中心"藩篱，将研究对象放在全球整体联动的宏观视野进行考察，侧重关注横向互联互通，关注跨国家、跨地区、跨民族、跨文化历史现象，致力于构建跨国家、跨地区、跨大陆、跨半球、跨海洋直至全球的各种层次的地理空间范畴，并且构建出技术、文化、贸易、宗教、移民、国际组织等不同主题的社会交流网络，进而将局部的地方知识、区域知识与人类的整体知识结合起来，形成全球知识。吴于廑先生提出的整体世界史观，"强调从联系的、整体的高度把握世界历史的演进，以'分散到整体'概括其趋势，着重展示人类历史的横向剖面"，就是此种全球整体论的集中体现。[①]

第二，打破欧洲中心论，确立人类互动观。

全球史突破近代以来"欧洲中心论"的窠臼，从人类历史多起源说出发，探寻人类全球互动联通的历史进程，将对区域国别的理解置于全球互动网络体系中，强调互动者互为主体。回顾全球历史进程，不难发现推动人类社会演变的主线包括生产和交往的两条主线，它们分别从纵横两个维度推动历史前进。在马克思世界历史理论的框架中，交往意味着一切社会关系，"包括单个人、社会团体以及国家之间的物质交往和精神交往"[②]。北京大学罗荣渠先生构建的现代化史观，就是破除西方中心论的重要例证。在罗荣渠看来，"以生产力的发展和变革为立足点，认识到人类社会和文明发展的复杂性和多样性"，"宏观地架构起'一元多线'的历史发展框架"[③]。因此，从人类交往互动的角度探讨历史进程，是全球史研究的内在逻辑。换言之，一切关于国别史区域史以及更加具体而微的专题研究，都需要被放在人类交往互动的宏观视角下进行重新评估，才能展现全球史发展的秘密。

第三，打破历史中心论，确立学科对话论。

从严格意义上来说，全球史研究已不再是传统的历史学研究，而是力求

[①] 李学勤、王斯德：《中国高校哲学社会科学发展报告：1978—2008·历史学》，广西师范大学出版社2008年版，第257—258页。

[②] 《德意志意识形态：节选本》，中央编译局编译，人民出版社2003年版，第124页。

[③] 李学勤、王斯德主编：《中国高校哲学社会科学发展报告：1978—2008·历史学》，广西师范大学出版社2008年版，第257—258页。

运用跨学科的研究方法，更多地吸收政治学、社会学、人类学、考古学、生物学、经济学、法学等学科理论与方法，打破学科壁垒，进行学科整合。彭树智的"文明交往论"① 和马克垚主编的《世界文明史》② 都从文明的高度来认识全球历史进程，超越了传统意义上的跨学科性，不仅从整体上研究人本身，而且从整体上理解作为人的集合形式的世界，从多学科的视野来考察历史长河中各文明的流动、发展和变化。

全球史研究是一个多维、多层次的研究体系，既包括宏观的全球通史研究（如斯塔夫里阿诺斯的《全球通史：从史前史到 21 世纪》、杰里·本特利和赫伯特·齐格勒的《新全球史：文明的传承与交流》等）和区域通史研究（如伊曼纽尔·沃勒斯坦的《现代世界体系》、贡德·弗兰克的《白银资本》、米洛·卡尼的《世界历史上的印度洋》、彭慕兰的《大分流：欧洲、中国及现代世界经济的发展》等），也包括一些微观个案研究（比如唐纳德·怀特的《世界与非洲的弹丸之地：冈比亚纽米地区的全球化史》、罗斯·邓恩的《伊本·巴图塔的冒险经历：一个 14 世纪的穆斯林旅行家》、托尼奥·安德雷德的《一个中国农民、两个非洲男孩和一个军阀：迈向一种微观全球史》、斯文·贝克特的《棉花：一部全球史》等）和专题研究（大卫·阿米蒂奇的《独立宣言：一部全球史》、菲利普·柯丁的《世界历史上的跨文化贸易》、克莱夫·庞廷的《绿色世界史》、威廉·麦克尼尔的《瘟疫与人》等）③，所有这些都不局限于某一个国别区域，而是从全球整体互动的维度进行的研究，而且即使对同一主题的研究也存在多种切入视角的选择。

关于全球史的研究，与全球化进程是紧密联系在一起的。自 20 世纪 80 年代以来，全球化成为国内外学术界一个十分时髦的概念。全球化（globalization）一词是一种概念，也是一种人类社会发展的现象过程。全球化目前有诸多定义，通常意义上的全球化是指全球联系不断增强，人类生活在全球规模的基础上发展及全球意识的崛起。国与国之间在政治、经济贸易上互相依存。全球化亦可以解释为世界的压缩和视全球为一个整体。在关于全球化

---

① 彭树智：《文明交往论》,《自序》,陕西人民出版社 2002 年版,第 6 页。
② 马克垚主编：《世界文明史》（上册）,北京大学出版社 2004 年版,第 1 页。
③ 刘文明：《全球史：新兴的历史学分支学科》,《人民日报》2012 年 3 月 1 日。

的理论争论中，一直存在着支持者和反对者两种声音，支持者倾向于认为全球化是一个客观趋势，认为全球化进程源于一个中心，是欧美等西方发达国家模式在全世界的扩张，最终形成一种全球范围的"无政府的治理"，最典型的是欧美新自由主义经济学和现代化理论。反对者或怀疑者则认为全球化是强势利益集团的霸权，加剧了社会不平等、南北差距、环境破坏等问题。他们认为，全球化的进程不是由某个"中心"，而是由众多主体推动的，全球化的结果不是一个模式的推广，而是众多模式的共存。近年来，逆全球化思潮上升，反建制主义崛起并占据了全球化理论的主导地位，但这一争论并没有结束，关于全球化历史进程的讨论会一直进行下去。

从文化价值观角度来看，近代以来的全球化进程内在地贯穿着一种普世主义与特殊主义的争论。近代以来，随着欧洲在世界范围内的扩张，西方文明的普世主义与其他文化寻求自主性的特殊主义之间形成的尖锐矛盾成为全球史的一个核心命题，逐渐从价值观层面进入组织行为、发展模式和社会政治经济制度等实践层面，成为全球史发展中的一道重要的风景线。对此，学界存在三类看法。第一类看法对文化之间的交流和融合持乐观态度，认为随着全球化和世界经济、政治、科学、技术等相互交流的深入，整个世界必定会走向社会文化一体化，成为一种全球性的普遍文化。最突出的是日裔美国学者弗朗西斯·福山在"冷战"前后提出的"历史终结论"[1]，带有极强的西方中心论色彩，认为全球性文化的前景是值得期待的，不同的文化或者文明最终将汇入同一条河流。第二类是对不同文化和文明之间一体化前景持悲观态度，认为未来的世界将面临"文明的冲突"或者"文化的摩擦"[2]，21世纪的国际政治将是文明冲突的世纪，持这一观点的突出代表是美国哈佛大学政治系教授萨缪尔·亨廷顿。第三类看法则对于文化对国际关系的影响抱一种折中的态度，从国际政治体系文化规范的层面理解国际关系的性质与变化，认为不同的体系文化决定不同的国际关系走向，这就是20世纪90年代以来国际关系理论中建构主义理论的兴起。建构主义对国际文化关系采取了一种

---

[1] Francis Fukuyama, "The End of History?", *The National Interest*, No. 16, 1989, pp. 3–18.
[2] [美] 萨缪尔·亨廷顿：《文明冲突与世界秩序的重建》，周琪、刘绯、张立平、王圆译，新华出版社2010年版，第4页。

折中的学术综合态度，构建了一个分析图式，打开了国际关系社会学的广阔空间。但是，建构主义前提设定的多种可能性使其缺乏令人信服的解释力。在全球史研究领域中，不少学者从跨文化交流的角度探讨全球化过程中的帝国扩张、远距离贸易、跨区域或跨民族的文化传播、国际移民等问题时，考察不同文化（文明）群体作为主体之间的相互关系和相互影响，尤其关注文化异质性对互动的影响，如杰里·本特利的《旧世界的相遇者：前现代时期的跨文化接触和交流》[①]、彭慕兰的《大分流：欧洲、中国及现代世界经济的发展》[②] 等。

随着日益走近世界舞台的中心，中国迫切需要确立一种从超越国别史区域史的视野和中国与世界互动的角度理解世界的"全球史"。长期以来，中国在世界史研究上有了一定的发展，涌现出了以雷海宗、周谷城、吴于廑、陈翰笙、李显荣、罗荣渠、何兹全、齐世荣、庞卓恒、王绳祖、郭圣铭、刘远图、李纯武、王也扬等为代表的世界史大家，为建设中国特色的世界史学科做出了重要贡献，也为全球史的发展奠定了坚实的基础。2004 年，首都师范大学成立了国内第一个全球史研究中心，并于 2007 年设立了全球史专业培养研究生。[③] 然而，迄今为止，中国的全球史研究仍然处于西学译介和理论探讨阶段，要想建立中国特色的全球史学科，为国别区域研究提供强有力的历史基础，还需要长期的努力。

三 社会科学的理论与方法

社会科学是国别区域研究的基础学科之一。社会科学诞生于 18 世纪，狭义上的社会科学包括政治学、经济学、社会学、法学等学科，广义上的社会

[①] ［美］杰里·本特利：《旧世界的相遇者：前现代时期的跨文化接触和交流》，李大伟、陈冠堃译，生活·读书·新知三联书店 2015 年版。

[②] ［美］彭慕兰：《大分流：欧洲、中国及现代世界经济的发展》，史建云译，江苏人民出版社 2003 年版。

[③] 首都师范大学历史学院：《首都师范大学全球史研究中心》，2017 年 12 月 17 日，https://history.cnu.edu.cn/kxyj/yjjg/128451.htm；刘文明：《全球史：新兴的历史学分支学科》，《人民日报》2012 年 3 月 1 日。

基础研究

科学还包括心理学、教育学、管理学、人类学、民族学、新闻传播学等，所有这些社会科学学科都对国别区域研究具有重要意义。从各学科对国别区域研究的已有参与来看，政治学、经济学和社会学的参与程度最深，理论和方法的贡献也最大，同时社会科学各学科在理论方法上大同小异，各个学科之间的区别只不过在于侧重点不同，并无本质性的差异。为叙述方便，在此择要阐述政治学、政治经济学和社会学理论方法对国别区域研究的意义。

（一）比较政治学的理论与方法

政治学是国别区域研究的基础学科之一，它以各种政治体系整体或组成部分之间的差异和共性为研究对象。比较政治学起源于古希腊，发展于第二次世界大战后，其研究范围甚广。比较政治的一个主要任务就是构建科学的理论框架，不同的比较政治学学者之所以具有不同的特点，就是因为理论分析的框架不同。在中国，比较政治的崛起也源自于学术使命和政治使命的融合。王沪宁的《比较政治分析》是中国第一本比较政治学著作。[①] 张小劲和景跃进的《比较政治学导论》是中国第一本比较政治学教材。[②] 潘维出版了一本《比较政治学》，意在重构比较政治体系。[③] 迄今为止，所有的比较政治学研究都具有一个共同特征，那就是把国家这个宏观的社会单元作为一个分析单位，至少是一个观察单位。同时，比较政治学通常把命题的普适化作为追寻目标，进而形成了比较政治学的内在紧张状态，国家的特殊性和普遍规律之间存在着难以解决的张力，这一张力也许是比较政治分析的动力，这一张力和动力推动比较政治学走向了中层理论的研究。

1. 老制度主义的比较政治学：历史—比较研究

早期的比较政治研究主要关注西方国家的制度和形式的历史研究，被称为老制度主义。20世纪50年代前的比较政治学研究被后人称为"形式—法律"（formal-legal studies）的研究范式所主导，专注于比较政治体系的规范和法理层面，比如宪法、法律、联邦主义、地方政策、行政部门、议会和法院

[①] 王沪宁：《比较政治分析》，上海人民出版社1987年版。
[②] 张小劲、景跃进：《比较政治学导论》，中国人民大学出版社2008年版。
[③] 潘维：《比较政治学》，北京大学出版社2014年版。

的权力,主要研究欧美发达国家的统治者和官僚制度。此种研究过分看重正式的和法律意义上的政治,而非实践意义上的政治,过分看重"官方说法"不利于"真实说法",呈现为一种代替"法律主义"的"现实主义路径"(代表人物有威尔逊、梅里亚姆和拉斯韦尔等)①,更关注那些并不很正式的机构以及政治过程,因而被批评为狭隘的种族中心视角。

老制度主义的理论路径关注政治系统的本质问题,比如总统制和议会制、单一制和联邦制、政党制与投票制、委员会制和选举制等。最初,制度主义发源于对罗马共和国和罗马帝国的研究,经历了从古代发展到自然法与实证主义的启蒙学说,最早始于布赖斯,关注法律和宪政体制,以及政府、国家、主权、权限、法律和立法等手段,是基于对民主目的的信仰,经典课题是讨论理想国这一理性、智慧、合理的化身,讨论如何培养公民的美德。② 法典学派主要关注罗马法典等法条分析,社会契约论则更关注委托的合法性、个人与社会的关系、公民与国家的关系等,导致政治哲学和法律成为比较政治研究的基础内容。另一个内容是历史的研究,即从古代的城邦到中世纪的教会和近代的国家与社会斗争。政治哲学、法律和历史三者之间的联系导致了大陆学派和盎格鲁-撒克逊学派的分立。代表人物包括德国的卡尔·施密特,英国的艾弗·詹宁斯、欧内斯特·巴克、哈罗德·拉斯基,法国的里昂·杜吉特和安德烈·西格弗里德,美国的卡尔·弗里德里克希和赫尔曼·芬纳。③ 后来,比较政治除了常规的制度分析方法外,也开始关注经济、社会、心理和组织因素等领域。

2. 比较政治学的行为主义革命

20世纪50年代开始,行为主义政治学席卷一切领域,开始关注非规范

---

① [美]弗朗西斯·福山:《美国处在十字路口:民主权力与新保守主义的遗产》,周琪译,中国社会科学出版社2008年;[美]哈罗德·D. 拉斯韦尔:《政治学》,杨昌裕译,商务印书馆1992年版,第3页;[美]梅里亚姆:《政治权力》,齐藤真、有贺弘译,东京大学出版会,1973年,第155页。

② [英]詹姆斯·布莱斯:《神圣罗马帝国》,孙秉莹等译,商务印书馆1999年版,第173页。

③ [德]卡尔·施密特:《陆地与海洋——古今之"法"变》,林国基、周敏译,华东师范大学出版社2006年版;W Ivor Jennings, *A Federation of Western Europe*, Cambridge: Cambridge University Press, 1940;[英]欧内斯特·巴克:《英国政治思想》,黄维新等译,商务印书馆1987年版;[美]哈罗德·拉斯基:《论当代革命》,朱曾汶译,商务印书馆1965年版;M. A. Noll, *Religion and American Politics, From the Colonial Period to the 1980s*, New York: Oxford Press, 1990.

基础研究

和政治动因层面，比如政党、利益群体、舆论、政治过程、政治行为、决策过程等，重视分析而不仅仅是描述，重视实实在在的比较而非个别国家的个案研究，聚焦原先研究所忽视的第三世界国家和地区。在这一时期，亚非拉发展中国家纷纷独立，比较政治学研究对象开始大大扩展。发展主义、民主理论、多元主义和资本主义、中产阶级、中间道路等理论不断涌现。总的来说，新比较政治学是一种政治发展理论，认为美国和西欧的民主多元主义模式同样最适合第三世界国家的发展情况。比如，美国总统顾问罗斯托的经济增长阶段理论，将全世界的经济发展历史分为六个"经济增长阶段"，认为主导产业的更替和科学技术的进步是决定经济发展所处阶段的主导因素。[①]哈佛大学的塔尔科特·帕森斯的结构功能主义，认为所有社会发展都是从先赋的、特殊主义的和功能弥散的社会转变为成就取向的、普遍主义的和功能特定的社会。[②]还有李普塞特提出的政治人的思想，认为那些有较高教育水平、较高经济发展程度和民众对政府行为采取较积极的参与性态度的国家，一般是民主的，反之则趋向于不民主。[③]但是，这一判断仅仅是趋势性判断，有很多反例，比如哥斯达黎加很穷，却是一个民主国家，阿根廷很富，但不是一个民主国家。李普塞特仅仅指出了经济发展与民主的相关性，而不是必然性。

新比较政治学关注增长和发展，形成于第二次世界大战后的乐观气氛之中。无论是美国的"发展联盟"，还是社会主义国家的经济合作计划，如何将去殖民化与民主分权结合起来，是比较政治的难题。20世纪50—60年代关注新比较政治学，以阿尔蒙德为代表于1954年成立的"美国社会科学研究顾问委员会比较政治分会"致力于更广泛的研究，注重模型建构和解释的普遍性，打破了将研究重点局限于发达国家特别是欧美国家的传统，致力于提出一种涵盖和比较任何一种政治系统的框架（民主国家与非民主国家、西方

---

① [美]罗斯托：《经济增长的阶段：非共产党宣言》，郭熙保、王松茂译，中国社会科学出版社2001年版，第13—16页。
② Parsons, T., *The Social System*, London: Routledge, 1991, p. 19.
③ [美]西摩·马丁·李普塞特：《政治人：政治的社会基础》，张绍宗译，上海人民出版社2021年版，第413页。

国家与非西方国家),更关注政治制度之下的政治基础,特别是政党、利益集团和公众舆论等。① 1990年,阿尔蒙德称此种研究将那些"超法定的"(extra-legal)、"类法定的"(paralegal)以及"社会性的"政治机构都考虑在内,不仅研究这些机构有什么法定权力,更关注它们实际上做了什么,它们之间如何相互联系以及在制定和执行公共政策时遵循了什么样的规则,结构功能主义从此成为主导范式。② 左右的分野将发展政治学区分为现代化理论与依附理论两种不同的研究路径:现代化理论家包括加布里埃尔·阿尔蒙德、萨缪尔·亨廷顿、戴维·阿普特、白鲁恂、迈伦·韦纳、伦纳德·宾德、爱德华·希尔斯、塔尔科特·帕森斯等。③ 这些人共同的理论渊源是马克斯·韦伯,核心正统公式是"去殖民化+经济增长+民主化",而且要在宗主国的监护下进行。④ 依附理论包括保罗·巴兰、安德烈·弗兰克、佩里·安德森、埃里克·霍布斯鲍姆、加文·基钦、科林·利斯、本尼迪克特·安德森等。⑤ 他们共同的理论来自卡尔·马克思,核心正统公式是反对霸权和脱钩。⑥ 这种变化导致比较政治学开始关注欧美国家之外的国家,从"自上而下"和"自下而上"两个维度互动的角度进行制度建构,从制度和文化两个层面来推动民主化进程。从现代化理论来看,在研究日程上,以往的研究解决的是失业、财政政策和经济周期控制等政治经济学问题,新的研究则关注前工业化国家向西方工业国家持续转型的问题,分析重点从国家转向社会,考察如何以最好的方式来倡导民主价值和文化原则并使之内化,关注西方社会的现

---

① Gabriel A. Almond, G. Bingham Powell, *Comparative Politics: A Developmental Approach*, Boston: Little Brown, 1966.

② Gabriel A. Almond, "A Discipline Divided: Schools and Sects in Political Science", *Sage*, Vol. 175, 1990.

③ [美]戴维·阿普特:《现代化政治》,陈尧译,上海人民出版社2011年版;[美]爱德华·希尔斯:《中心与边缘》,甘会斌、余昕译,译林出版社2019年版;[英]佩里·安德森:《西方马克思主义探讨》,高铦、文贯中、魏章玲译,人民出版社1981年版。

④ [德]马克斯·韦伯:《新教伦理与资本主义精神》,于晓、陈维纲等译,生活·读书·新知三联书店1987年版。

⑤ [美]保罗·巴兰:《增长的政治经济学》,蔡中兴、杨宇光译,商务印书馆2017年版;[加拿大]安德烈·弗兰克:《依附性积累与不发达》,高戈译,译林出版社1999年版;[英]埃里克·霍布斯鲍姆:《论帝国:美国、战争和世界霸权》,顾晓祺译,上海人民出版社2022年版;[英]本尼迪克特·安德森:《想象的共同体》,吴叡人译,上海人民出版社2016年版。

⑥ 马克思:《政治经济学批判》,中共中央马恩列斯著作编译局译,人民出版社1974年版。

代制度如何演化，比如从理论到现实，从特权到契约，从前资本主义到资本主义，从静态的社会变迁观念到演化的、有机和谐的社会变迁观念，从传统权威到法理权威，从法理社会到礼俗社会等，而国家的主要任务是控制和调解这一变化过程中出现的社会紧张因素，避免陷入威权体制和普力夺体制。在这一过程中，比较政治学研究受到了一些社会历史学家和人类学家的影响，也受到了心理学领域的学习理论、人类学领域中的价值观念理论的影响，比如埃里克森的身份理论，戴维·麦克利兰（David McClellend）的成就动机理论、约翰·多拉德的挫折—进攻理论、艾森·施塔特的传统与现代性比较研究、霍洛维茨的族群冲突理论、查尔斯·蒂利的政治暴力理论、格尔茨的政治整合条件理论等。从依附理论来看，主要关注对资本主义和帝国主义的批判，希望通过一党制国家来超越资本主义民主阶段，从而为社会主义提供新的思路，比如保罗·巴兰的《增长的政治经济学》、安德烈·弗兰克的《资本主义和拉丁美洲的不发达》、卡多佐的《拉美的依附性及发展》、汤普森的《理论的贫困》、普兰查斯的《政治权力与社会阶级》等。在研究方法上，两者之间陷入了功能主义和辩证分析的冲突，功能主义喜好资本主义背景下的平衡理论，认为资本主义是民主制度的基石；辩证理论则喜好冲突理论，最终导向了社会主义的前景。

总体来看，20世纪60年代，比较政治学、比较社会学和经济发展研究等领域基本被"发展主义"（developmentalism）主导，这一理论路径来自早期的文化人类学和社会学研究，美国对外政策热衷于建立一种有吸引力的非共产主义发展模式，用来替代马克思列宁主义，现代化理论成为主导范式。这一范式认为，所有不发达社会的根源是"内部障碍"，因此，可以通过采取与欧美发达国家大致相似的路径来实现现代化，走向多元化的民主和公民社会。但是，这一理论忽略了现代化过程中的不稳定现象。越南战争和水门事件，动摇了美国模式必然性和期望值的信念，许多发展主义理论家根本没有去过第三世界国家。到了20世纪70年代，一大批反思现代化理论的学者开始另辟蹊径，依附论、统合主义（法团主义）、官僚权威理论以及自主化理论开始受到重视。于是，不可避免地出现了亚洲价值观、印度发展理论、非洲发展理论、拉美发展理论和伊斯兰发展理论。很多地方开始出现自行其是的局面,内生性发展理论非常流行。

3. 新制度主义的比较政治学:走向中层理论

20世纪80年代以后,新制度主义政治学开始兴起。新制度主义将老制度主义与发展理论结合起来,强调通过对政府结构、功能以及实际过程的详细描述来刻画一个国家政治系统的运行。新制度主义源自对多元民主理论的考察,主要关注的政治行为包括:投票行为变迁、党派立场变迁以及对国家的影响、精英和民主问题。在议题上,从旧制度主义集中关注应对大萧条和福利国家建设转为关注社会福利、替代权威主义的社会民主制度等,比较的重点是政党、政党的运行、政治结盟的形成、公众态度变迁、精英作用、行政官僚机构、不同体制下的政治人物等。

20世纪80年代以后,重新回归国家(斯考切波)[1]和重新发现制度(彼得·豪尔)[2],要求重新对制度进行研究,恢复"国家"的首要地位,认为"变化无常的历史结构和制度"发挥着核心作用。他们反对阿尔蒙德等人把政治活动看作自我表达的功能而忽略制度,认为制度是第一位的相关因素,具有独立的影响是真实政治的组成部分,同时认为制度对个人具有决定性影响,制度决定了政策选择,偏好通过制度获得并表达出来。此外,制度和特定的制度变量对政治输出具有主要影响,制度背景就是政治行动者表演的舞台。

新制度主义最常用的方法是用所谓的"后韦伯主义"的阶级和国家构建框架,基于历史事件进行广泛分析,其代表人物包括莱因哈特·本迪克斯[3]、巴林顿·摩尔[4]、斯考切波[5]、吉列尔莫·奥唐奈、施密特和怀特黑德[6]等。

---

[1] [美]埃文斯、[美]鲁施迈耶、[美]斯考切波:《找回国家》,方力维等译,生活·读书·新知三联书店2009年版。

[2] [英]彼得·豪尔、[英]罗斯玛丽·泰勒:《政治科学与三个新制度主义》,何俊智译,《经济社会体制比较》2003年第5期。

[3] [美]莱因哈特·本迪克斯:《马克斯·韦伯思想肖像》,刘北成译,上海人民出版社2007年版。

[4] [美]巴林顿·摩尔:《民主和社会专制的起源》,拓夫译,华夏出版社1988年版。

[5] Skocpol Theda, *States and Social Revolutions: A Comparative Analysis of France, Russia and China*, Cambridge: Cambridge University Press, 1979.

[6] O'Donnell, Guillermo, Philippe C. Schmitter, and Laurence Whitehead, *Transitions from Authoritarian Rule: Prospects for Democracy*, Baltimore: JHU Press, 1986.

另外，统计分析得到重视，研究者开始关注教育、增长率和城市化等因素的统计比较分析，比如英科尔斯和史密斯的《迈向现代化》[1]、阿普特对乌干达分裂政治的案例研究[2]、阿伦·李普哈特对20多个国家民主政体的研究[3]。在比较政治学发展过程中，逐步出现了新制度主义三股势力，即理性选择制度主义、历史制度主义和社会学制度主义，其分别代表了政治系统过程研究、政治发展研究和政治文化研究三个侧重点。其中，理性选择制度主义主要关注"双市场"的研究（经济市场和政治市场之间的互动）、安东尼·唐斯[4]和曼库尔·奥尔森[5]将研究延续，赫克歇尔、罗伯特·贝茨、大卫·莱廷（David Laitin）等进行扩展，[6] 亚当·普热沃尔斯基[7]对民主和资本主义携手并进的创造性研究，关注民主框架对制度巩固的作用。社会学制度主义主要延续了政治文化的研究，关注非正式的社会规范对行为塑造的作用，尤其是英格尔哈特的世界价值观调查（World Value Survey，WVS）。同时，新比较政治学关注的不再是输入问题，而是输出问题，关注政治结果和政府表现，而不是政治的决定因素问题和对政府的要求。一些研究也开始反思以国家为分析单位的规则问题和对社会指标的盲目崇拜这一柏拉图和罗尔斯所提出的问题，认为作为一个体系，政府有必要保持财富和权力之间、统治者与被统治者之间的相互均衡，因此被称为"后行为主义"。

（二）比较政治经济学的理论与方法

经济学是社会科学皇冠上的明珠。它起源于希腊色诺芬、亚里士多德为

---

[1] Alex Inkeles, David H. Smith, *Becoming Modern: Individual Change in Six Developing Countries*, Cambridge, MA: Harvard University Press, 1974.

[2] D. E. Apter, *The Political Kingdom in Uganda: A Study in Bureaucratic Nationalism*, New Jersey: Princeton University Press, 1961.

[3] ［美］阿伦·李普哈特：《民主政治的模式》，陈崎译，北京大学出版社2006年版。

[4] ［美］安东尼·唐斯：《民主的经济理论》，姚洋等译，上海世纪出版集团2010年版。

[5] ［美］曼库尔·奥尔森：《国家兴衰探源》，吕应中译，商务印书馆1999年版。

[6] ［瑞典］赫克歇尔、俄林：《赫克歇尔-俄林贸易理论》，陈颂译，商务印书馆2018年版；［美］罗伯特·贝茨：《热带非洲的市场与国家》，曹海军、唐吉洪译，吉林出版集团2011年版；David Laitin, "Letter from the Incoming President", *Newsletter of the APSA Organized Section in Comparative Politics*, Vol. 4, No. 2, 1993.

[7] ［美］亚当·普热沃尔斯基：《资本主义与社会民主》，丁韶彬译，中国人民大学出版社2012年版。

代表的早期经济学，经过亚当·斯密、李嘉图、马尔萨斯、马克思、穆勒、凯恩斯、马歇尔等经济学家的发展，历经重农学派、重商主义、古典经济学、社会主义政治经济学、新古典综合派、制度经济学、瑞典学派、演化证券学、行为经济学等流派，形成了现代经济学的理论体系。简言之，经济学核心思想是物质稀缺性和有效利用资源，它包括微观经济学和宏观经济学两大分支。其中，经济学对国别区域研究的贡献主要体现在宏观经济学上，这主要是因为其关注发展问题。发展是一个多学科共同关注的领域，在经济领域中意味着经济增长和经济发展，宏观经济学有助于解释不同国家经济规律的宏观结构、制度乃至意识形态根源。

第二次世界大战后，亚、非、拉美三洲广大地区的殖民地和附属国纷纷走向独立，在经济上各自选择不同的道路和方式谋求发展，世界上出现了众多的发展中国家。为解释发展中国家的发展，经济学强调以西方经验为凭依，以对西方国家自身的发展道路和历史经验的理论概括和总结作为基本的学术资源和认知框架，确立了发展经济学的基本框架。发展经济学是经济学的一个重要分支，是20世纪40年代后期在西方国家逐步形成的一门综合性经济学分支学科，主要研究贫困落后的农业国家或发展中国家如何实现工业化、摆脱贫困的问题，它的研究对象主要是发展中国家在各方面的经济发展问题，比如刘易斯提出了二元结构发展理论，认为现代生产部门不断扩张和传统生产部门不断萎缩，最终实现了经济的发展和现代化。[1] 罗斯托则在《经济增长的阶段》[2] 中提出了人类经济发展的六个阶段，包括传统阶段、起飞准备阶段、起飞阶段、向成熟推进阶段、追求生活质量阶段等，刘易斯和罗斯托的理论引领了发展经济学的理论研究路线。然而，由于发展经济学是发达国家对发展中国家经济问题的研究，没有涵盖发达国家的经济发展问题，故而在国别区域研究层面更倾向于使用比较政治经济学的框架。

比较政治经济学是一门新兴的学问，它是关于国家如何调整和发展经济的研究，即跨国家/地域的比较研究（Comparative Studies）和单一国家/地域

---

[1] ［英］阿瑟·刘易斯：《劳动无限供给下的经济发展》，乔依德译，商务印书馆2017年版。
[2] W. W. Rostow, *The Process of Economic Growth*, New York: W. W. Norton, 1960.

的区域研究（Area Studies）。从亚当·斯密开始，政治经济学经过了古典政治经济学、新古典政治经济学、比较政治经济学和全球政治经济学等不同阶段。比较政治经济学研究尽管很早就存在，然而成为一个领域则是20世纪70年代的事。根据朱天飚教授的总结，比较政治经济学主要形成了国家主义、新古典政治经济学、社会联盟和制度主义四个范式。① 相比较而言，国家主义以国家为中心探讨经济政策、经济发展和经济转型；新古典政治经济学以社会为中心、以个人理性为基础解释寻租现象对经济发展的消极影响以及解决策略，认为经济发展并非国家的自然行为；社会联盟则强调国家与社会的互动过程，重视解释不同社会利益组合对政策的影响；制度主义则集中关注制度对政策和行为的影响，与社会联盟模式以不同社会联盟来解释国家的不同政策取向相比，更关注不同制度的影响。四种理论范式各有其优缺点，需要针对不同情况有选择地运用。

1. 国家主义

国家主义强调国家对经济、政治和社会现象的解释意义，认为在国家与社会的关系上，社会经济发展服从和服务于国家发展需要。国家主义的典型代表是回归国家学派，1985年埃文斯等人编辑出版了《找回国家》一书，标志着国家回归学派的正式形成，代表人物主要有埃文斯、斯蒂潘、米格达尔等。② 该学派在继承了韦伯对国家定义的基础上，将国家自主性界定为"国家可以系统地表达和推进自己的目标，而不是简单反映集团、阶级和社会的利益与需求"，认为"国家和政治经济中的正式和非正式程序、惯例一样，是一种制度，其本身就是一个行动主体"。

该学派主要从国家的自主性和国家能力两个方面来分析国家与社会的关系，认为国家本身就是一个行动者，具有自主性和能力。斯考切波根据对国家自主性的理解，对国家和社会革命进行研究，通过对比法、俄、中三国的革命，认为在进行革命的过程中，形成了强大的国家，国家更加科层化，拥有更多的自主性。查尔斯·蒂利更加关注社会科学化的、注重大规模历史过

---

① 朱天飚：《比较政治经济学》，北京大学出版社2006年版，第150页。
② ［美］埃文斯、［美］鲁施迈耶、［美］斯考切波：《找回国家》，方力维等译，生活·读书·新知三联书店2009年版。

程的取向，在《西欧民族国家的形成》一书中，重点关注了两大类变量：一是一国的国内阶级结构状况，另一个是一国所处的跨国性结构（包括其对外贸易和经济依赖性以及特定地理位置等）。① 20 世纪 90 年代，查尔斯·蒂利还出版了《强制、资本与欧洲国家》，批评了发展主义理论和功能主义理论，强调了历史主义视角的必要性，推动了"回归国家学派"的发展。② 同属于回归国家学派的内诺德·棱格尔，则通过国家的偏好的权威行动之间的结合程度，对国家自主性进行的分析。他的理论框架中引入了公共政策的概念，作为分析国家自主性和公民社会张力的中介，开启一条新的研究道路。另外，亨廷顿将自主性与国家的制度化联系起来，也可以划分到这一学派。他认为，自主性是"政治组织和政治程序独立于其他社会团体和行为方式而生存的程度"，"衡量政治机构的自主性要看的是否具有有别于其他机构和社会势力的自身利益和价值"。根据该思路，塞缪尔·亨廷顿认为"缺乏自主性的政治组织和程序就是腐败的"，进一步可能会导致国家政权的不稳定。③ 总体来看，国家主义范式强调了"国家在政策制定和社会变迁中的角色"，却忽视了国家的另一个重要方面，即其在社会中的合法性问题，或者视国家合法性为当然，批评者认为这不免有失公允。

2. 新古典政治经济学

古典经济学的代表人物亚当·斯密在《国富论》中关注国家的经济学，认为经济学的主旨是经济发展，对资本积累、经济增长以及制约经济的制度性、政治性和自然性因素都有研究。④ 以马歇尔为代表的新古典学派尽管仍关注资本积累问题，但更多关注理性的个人和稀缺的资源，在 1890 年出版的《经济学原理》中关注均衡价格理论，把传统的生产费用理论、供求理论和边际效用理论结合在一起。⑤ 因此，新古典经济学的世界是一个作为理性人

---

① Charles Tilly, *The Formation of Nation States in Western Europe*, New Jersey: Princeton University Press, 1975.
② ［美］查尔斯·蒂利：《强制、资本与欧洲国家》，魏洪钟译，上海人民出版社 2007 年版。
③ ［美］塞缪尔·P. 亨廷顿：《变化社会中的政治秩序》，王冠华等译，生活·读书·新知三联书店 1989 年版，第 12—22 页。
④ ［英］亚当·斯密：《国富论》，唐日松译，华夏出版社 2005 年版，第 242—255 页。
⑤ ［美］马歇尔：《经济学原理》（上卷），朱志秦译，商务印书馆 2015 年版，第 105 页。

的生产者和消费者通过市场达到个人财富最大化的世界，它把国家排除在外，认为国家的干预是有害的，集中关注个人财富的最大化积累问题。新古典政治经济学是20世纪60年代在新古典经济学基础上发展起来的，它将理性人的概念扩大到国家领域，把国家机构、政府官员和法官均看作追求个人效用最大化的理性人。因此，与国家主义范式以国家为中心相反，新古典政治经济学是以社会为中心的一种个人理性主义视角的政治经济学，其依赖理性人的基本假设，依赖微观经济学的分析方法对政治现象做出的解释，形成了观察国家、市场和社会互动的独特视角。基于此，新古典政治经济学的发展通常被称为新政治经济学强调行动主体的重要性，强调个人和社会力量对国家政策的影响，关注寻租理论、集体选择理论以及集体选择的政治经济学分析等。20世纪90年代以来，比较政治经济学家们开始运用理性选择理论和博弈论研究发展中国家的民主化、经济改革、民族主义等领域的问题，尤其是注重构建各种形式理论的精致模型，极大地影响了国别区域发展的潮流。然而，由于理性选择理论往往把行为体看作同质行为体，忽略了政治过程中的社会不平等问题，所以成为理性选择主义的硬伤。因此，在20世纪90年代之后，理性选择理论开始向制度主义转型，将制度因素纳入理性选择主义的分析框架，形成所谓的理性选择制度主义的方法论，并且日益重视历史、社会、文化等因素的影响，使历史社会学、文化理论等方法论日益兴起。

3. 社会联盟

社会联盟既不是以国家为中心，也不是以个人和社会为中心，而是强调国家与社会的互动，此种互动是国家的组成部分和社会的组成部分在不同利益的驱使下的交叉联合与斗争。在社会联盟看来，国家与社会之间没有绝对清晰的界限，公共政策是由国家的组成部分与社会的组成部分根据相关利益交叉组成的社会联盟所决定的，政策变化只不过是不同社会联盟的组合变化而已，政策依靠社会联盟来推动。因此，社会联盟范式比新古典政治经济学更注重利益集团的细化，不同的利益是社会联盟兴衰的基础，维系社会联盟的纽带不一定是相同利益，也可以是不同利益的复杂组合，尤其是受到国际危机、政治体系以及宏观结构性因素的影响时可能出现的政策联盟变化。彼得·古勒维奇1986年出版的《艰难时世下的政治》一书对英国、德国、法国、美国、瑞典五个国家在不同世界经济危机期间的政策进行分析,发现政策取决于社会联盟的政治运作,尤其是德国、法国、瑞典在容克地主和资本集团之间形成的"铁与麦的联盟"就是一个典型例子。最终,该书的结论发现,政治运作形成的社会联盟推动了具体政策的出台,初步回答了"政治家决策,决策需要支持,但谁的支持要通过什么体现?"的核心问题。[1] 罗纳德·罗戈夫斯基在1986年《商业与联盟:贸易如何影响国内政治联盟》一书中也得出了类似的结论。[2] 总之,社会联盟回答了一个政策的产生往往不是国家和社会谁控制谁的问题,而经常是由那些潜在的受益者组成横跨国家—社会的社会联盟推动的,其主要讨论不同政策集团的分化组合对政策的影响。

4. 制度主义范式

制度主义范式主要分析规则、规范对个人或组织的利益、能力和行为的影响,并以此作为基础探讨国家、社会和经济的关系以及其对政府官员的决策影响。与新古典政治经济学和社会联盟范式强调利益的基础地位不同,制度主义范式更强调制度对利益的塑造作用。新制度主义经济学的发展,把制度当作市场活动的内生变量,对新古典政治经济学的交易成本为零的假设提出挑战,而一个社会的交易成本的构成不仅仅来源于经济制度,也来源于政治制度。如罗纳德·科斯(Ronald Coase)所指出:交易成本依赖一国的制度,如法律制度、政治制度、社会制度以及教育文化等诸方面的制度。[3] 任何一种理论如果要具有普适性的话,必须接受不同时间和地点的检验,比较也就成为该理论成熟的必要条件。比较制度分析(或称比较经济学)也成为从新制度主义经济学验证其理论的一个主要领域。从比较制度分析到比较政治经济学是该线路的主要特征。制度分析成为比较政治经济学的一个核心分析范畴,其长处在于解释国家、社会行为体行为的连续性以及政策的延续性,但缺点在于不能令人信服地解释各种变化,因此制度主义仅仅反映国家、社

---

[1] Peter Gourevitch, *Politics in Hard Times: Comparative Responses to International Economic Crises*, New York: Cornell University Press, 1986.
[2] [美]罗纳德·罗戈夫斯基:《商业与联盟:贸易如何影响国内政治联盟》,杨毅译,上海人民出版社2012年版。
[3] Ronald Harry Coase, "The Nature of the Firm", *Economica*, Vol. 4, No. 16, 1937, pp. 386–405.

会和经济关系中相对稳定的一个侧面而不是所有侧面。

在研究对象上，比较政治经济学主要集中于三类国家和地区：欧美发达经济体与福利国家的经济，发展中经济体与发展型国家（包括新兴经济体国家），转型经济体和转型国家。比较政治经济学对这些国家和地区的研究，对于深化国别区域研究具有重要的意义，尤其是有助于深化对不同地区模式及其内在规律的理解。从20世纪70年代后，本土发展理论在比较政治经济学中开始受到重视，学者们倾向于认为不同国家和地区的本土制度为发展提供了一些基本的安全、教育和其他社会服务，不能一下子都扔掉。总体来看，迄今为止各种地方性的、本土的、民族主义的和草根型的发展模式，正在日益取代或者补充早先引进的常常不被信任的西方现代化模式，非西方国家越来越强调内生的或本土的发展理论，构建基于某种本土的或民族的制度和实践，走本土化道路似乎正在成为区域国别研究的一个潮流。然而，"冷战"结束后，非西方国家在西方化、民主化和文化互联的背景下，本土化已经越来越困难。世界秩序问题成为一个十分重要的问题。

（三）社会学的理论与方法

社会学是系统研究社会行为与人类群体的学科，既包括微观层级的社会行动或人际互动，还涵盖宏观层级的社会系统或结构。该学科起源于19世纪30年代，它是一门通过定量方法和定性方法等科学方法，致力于完善一套有关人类社会结构及活动的知识体系，以寻求或改善社会福利的学问。由于社会学的研究对象极其广泛，且由于人类活动的所有领域都是在社会结构、个体机构的影响下塑造而成的，故而社会学除了研究社会阶级、社会分层、社会流动、社会宗教、社会法律、越轨行为之外，也拓展到教育、医疗、养老、就业、法律、军事等多个领域。因此，在国别区域研究中，社会学是不可缺少的主力军之一。尤其是从20世纪50年代开始，一些西方国家和发展中国家的学者运用西方经典社会学的思想方法和分析框架，考察现代社会的变迁问题，包括发达国家与发展中国家之间的关系；工业化、城市化对发展中国家的影响；发展中国家实现现代化的战略和模式；发展中国家在国际社会中的地位和作用等，以上被统称为发展社会学。

发展社会学，是指研究现代化和社会发展问题的社会学分支学科。发展社会学于20世纪50年代兴起于欧美发达国家，在70年代初具规模，核心是立足于当今发展中国家的具体实践，在总结和借鉴发达国家现代化经验教训的基础上，对近代至今世界各国现代化发展过程的理论、途径、模式和经验等进行综合性研究，提出了"现代化理论"。20世纪60年代初，一些发展中国家的社会学者为探讨发展中国家的不发达问题提出了"依附理论"和"世界体系"理论等，所有这些理论路径对于推动国别区域研究都具有十分重要的意义。

现代化理论是发展社会学的最初理论形态，于20世纪50年代末到60年代中期在发展社会学中居主导地位，主要代表人物有美国社会学家M. J. 利维、W. E. 穆尔、D. 勒纳、R. N. 贝拉、D. 阿普特和以色列社会学家S. N. 艾森施塔特，代表作有阿普特的《现代化的政治》（1965）、艾森斯塔特的《传统、变迁和现代性》（1973）等。① 现代化理论衍生自西方社会学的社会变迁理论，理论基础是社会进化论，主要论点有：（1）承袭西方古典社会学的社会发展阶段二分法，将人类社会的发展过程简化为两个阶段，即传统社会与现代社会，认为现代化就是由传统社会向现代社会的进化；（2）认为社会的发展是单线的，现代化只有一种模式，即西方模式。所不同的是西方国家先行一步，非西方国家落后了一步；（3）认为发展中国家之所以未能实现现代化，原因是这些国家内部的制度结构和文化传统不利于现代化的发展，要想实现现代化，只有靠西方文明的传播，靠输入西方社会的现代化因素才可能。因此，发展中国家的现代化表现为"西方化"的过程。20世纪60年代末，依附理论出现，现代化理论遭到了广泛批判，并从此逐渐衰退。

依附理论是以拉丁美洲和非洲的一些发展中国家的学者为主体而建立的理论，主要代表人物有美国经济学家A. G. 弗兰克、巴西社会学家F. H. 卡多索、T. 多思·桑托斯和经济学家C. 富尔塔多、埃及社会学家萨米尔·阿明

---

① ［美］戴维·阿普特：《现代化的政治》，陈尧译，上海人民出版社2011年版；Shmuel N. Eisenstadt, *Tradition, Change, and Modernity*, New York: Wiley, 1973.

等，代表作有弗兰克的《拉丁美洲：不发达或革命》（1969）等。① 依附理论是对现代化理论的批判，基本立场是：（1）反对现代化理论只从社会内部因素看待发展中国家的不发达问题，主张从西方发达国家、中心国家与不发达国家、边陲国家的经济联系，从西方发达国家对不发达国家的剥削、控制和不发达国家的依附中，解释不发达现象；（2）坚决反对现代化理论的"西化"模式，认为西方化过程实际上是不发达国家被纳入不平等的"中心—边陲"形国际经济体系的依附化过程，它将导致西方国家的发达化与非西方国家的不发达化。依附理论旨在通过外部因素来解释发展中国家的落后现象，实际上是从一个极端跑到另一个极端。但是，依附理论激烈地抨击了现代化理论，唤起了发展中国家的主体意识，因而在发展社会学中具有重大的意义。

作为一种理论和方法，世界体系理论（world system theory）兴起于20世纪70年代的美国，其主要标志是美国纽约州立大学的伊曼纽尔·沃勒斯坦教授（Immanuel Wallerstein）于1974年出版的《现代世界体系（第一卷）：16世纪的资本主义农业与欧洲世界经济体的起源》，这一理论创造性地融合了社会发展理论中的主流学派与非主流学派（即"现代化理论"与"依附论"），认为民族国家并不是近代以来社会变迁的基本单位，具有结构性经济联系和各种内在制度规定性的、一体化的现代世界体系才是考察16世纪以来社会变迁的唯一实体。② 沃勒斯坦认为，现代世界体系是一个由经济、政治、文化三个基本维度构成的复合体。"一体化"与"不平等"是现代世界体系两个最主要特征，世界存在着"中心—半边缘—边缘"的层级结构，其中，"中心"拥有生产和交换的双重优势，对"半边缘"和"边缘"进行经济剥削，维持自己的优越地位；"半边缘"既受"中心"的剥削，又反过来剥削更落后的"边缘"，而"边缘"则受前两者的双重剥削。世界体系论将整个世界看作一个系统，即"资本主义世界经济体系"，把每个西方国家和非西方国家都看作世界体系的结构要素。各个国家之间的经济活动关系是世界体系内部的资

---

① Andre Gunder Frank, *Latin America: Underdevelopment and Revolution*, New York: Monthly Review Press, 1969.
② ［美］伊曼纽尔·沃勒斯坦：《现代世界体系（第一卷）：16世纪的资本主义农业与欧洲世界经济体的起源》，罗荣渠译，高等教育出版社1998年版。

本积累过程，资本积累过程的结果是"经济剩余"不断从边缘国家和半边缘国家转移到西方"中心"国家，以致后者越来越发达、前者越来越不发达，这是世界体系总体规律的必然结果。

四 构建中国特色的国别区域知识体系

迄今为止，社会学对国别区域研究一直受制于西方霸权体系及其知识谱系的影响，被纳入西方知识体系的框架，缺乏学术自主性。事实上，西方社会学界也在进行反思，古尔德纳（Gouldner）、布卢尔（Bloor）、伯杰（Berger）、加芬克尔（Garfinkel）、吉登斯（Giddens）、布尔迪厄（Bourdieu）等都对社会学乃至社会科学中存在的问题进行了深刻反思。尤其是布尔迪厄从学术的、道德的和政治的三重向度，对社会科学学术研究背后的利益关系和政治关系进行了深刻批判，认为社会科学的任务在于揭示社会学界隐藏的各种深层结构以及使这些结构得以存在和再生产的条件、机制，社会学乃至社会科学才可能获得自主性。[1] 事实上，对承担域外知识建构使命的国别区域研究来说，反思性和自主性只是手段，实现国别区域研究的本土化才是目的，即建立中国独立的国别区域研究的社会科学理论与方法。

首先，助力国别区域研究的本土化，必须尊重域外世界的客观规律。想当年，孔德在提出"社会科学"概念时将其称为"社会物理学"，后来改为"社会学"，孔德的意图是建立一套类似于物理学的社会科学理论体系，追求揭示社会领域的客观规律。对中国来说，现代意义上的人文学科和社会学科均属于西方世界的舶来品，中国历来重视经、史、子、集之类的人文素养，缺乏政、经、法、社之类的社会科学的根基。中国的本土文化底蕴意味着更重视语言、文化、历史和哲学，在国别区域研究上也是如此，不太重视域外世界的客观规律和知识构建。因此，要建立中国特色区域国别研究，首先要重视社会科学研究，运用社会科学的理论与方法，拨开笼罩在域外世界上空

---

[1] ［法］布尔迪厄、［美］华康德：《实践与反思：反思社会学导引》，李猛、李康译，中央编译出版社1998年版。

基础研究

的暧昧云霭，还原客观事实的本来面目及其内在客观规律，这是中国国别区域研究的首要之举。

其次，助力国别区域研究本土化，必须处理好中学与西学的关系。自近代以来，围绕中学与西学之间的关系问题，历代学人争论不休，从"体用之争"到"全盘西化"再到"中西融汇"，贯穿始终的问题是如何处理中学和西学的关系，在国别区域研究上亦是如此。毫无疑问，在国别区域研究上，欧美发达国家已经形成了独立的体系，无论是早期强调文化使命的东方主义，还是第二次世界大战后带有浓厚战略色彩的区域研究，均扎根于西学之基而呈现枝繁叶茂之势，其价值理想、学术话语、理论方法均已达到炉火纯青、浑然一体的境界。相比之下，中国在国别区域研究方面仍然处于展翅欲飞的准备阶段，无法回避来自西学的参照和镜鉴，亦无法完全重蹈西学之覆辙，因为中国有着不同于西方世界的人文梦想和现实难题，难以做到置身事外。近年来，虽然中国一直在表达一种平等性、替代性甚至超越性的社会科学意愿，也提出了构建人类命运共同体的理念，然而，中国在构建独立的国别区域知识体系方面还有一段很长的道路要走。在此期间，中学与西学的对话恐怕是一种比较长期的学术现象，未必能够短期下定结论。

最后，助力国别区域研究本土化，必须处理好中国与世界的关系。国别区域研究是一国的域外知识体系建构，需要有着明确的"他者叙事"。表面上来看，国别区域研究是一种针对其他国家和地区的研究，实则它更是对本国知识的一种重新评估和反思，需要在研究他者的同时校正自我。尤其是在面临一些根深蒂固、习以为常的常识性判断错误时，更要有敢于拿起手术刀进行自我手术的勇气和智慧。国别区域研究不是关起门来自鸣得意的游戏，更不是以自我为中心解读"想象的异邦"，它需要始终坚持在开放的环境下进行，正确处理好中国与世界的关系。在此问题上，要更多摒弃"你我分化"的二元思维，树立"是非善恶"的标准体系，一切都要在社会科学的知识体系中做出客观判断，不以物喜，不以己悲，超越自我，实现解放。因此，构建中国特色的区域国别知识体系，核心是正确处理好中国与世界的关系，坚持开放思维、开放交流、开放对话，在学术交流和对话中获取知识，达成共识，这才是国别区域研究的正确方向。

当今世界正在经历百年未有之大变局,当今中国正处于近代以来最好的发展时期,两者同步交织,彼此激荡,为中国的国别区域研究提供了得天独厚的发展机遇。只要坚持正确的学术导向,充分汲取各个学科的理论、方法和智慧,全面推进国别区域研究,就一定能够实现构建中国特色国别区域知识体系的宏伟梦想。

政治文化学的理论与方法[①]

佟德志[*]

---

[*] 佟德志，天津师范大学副校长，政治学理论教授，博士生导师。"马克思主义理论研究和建设工程"重点教材首席专家，兼任国务院学科评议组成员，教育部高等学校政治学类专业教学指导委员会委员，中国政治学会副会长等。先后主持完成国家社科基金重大、重点、青年项目多项。出版有《在民主与法治之间》《现代西方民主的困境与趋势》《法治民主》《民主的否定之否定》等，主编有"中国民主丛书"、《全面发展全过程人民民主》、*Introduction to Comparative Political Culture* 等。在《政治学研究》《民族研究》《中国行政管理》、*Journal of Japanese Political Science* 等杂志发表中英文论文150多篇。先后入选多项国家重大人才计划，获得教育部和天津市科研、教学奖励10多项。

[①] 本文系2021年度国家社科基金重大项目"美式民主的理论悖论与实践困境研究"（项目编号：21&ZD160）的阶段性成果。

◎ 内容摘要

摘要：政治文化不仅是一种理论，也是一种方法，是比较政治学的重要内容。对政治文化现象的重视和研究由来已久，在第二次世界大战后美国行为主义兴起以后更是得到了系统的研究与阐发。政治文化的研究传入中国后，逐渐实现了中国化，在中国传统政治文化、西方政治文化、比较政治文化等各个方面实现了中国化，在政治分析当中起到了重要作用。政治文化由政治认知、政治态度、政治价值和意识形态四个要素构成，要素间互相影响，形成了政治文化的内在结构。同时，政治文化还与公共政策、政治制度、政治行为等政治要素互相影响，形成了政治文化的外在结构。在政治文化学的发展过程中，形成了一系列兼具理论与方法的分析范式。这主要包括以阿尔蒙德为代表的系统论模型、以韦伯为代表的合法性模型、以亨廷顿为代表的文明论模型和以英格尔哈特为代表的价值论模型，它们是政治文化学分析范式的代表。政治文化学的研究有着重要的意义和价值，是中国政治学"新五论"研究的典型，值得高度关注与推进。

关键词：政治文化；政治文化学；理论；方法

◎ 结构摘要

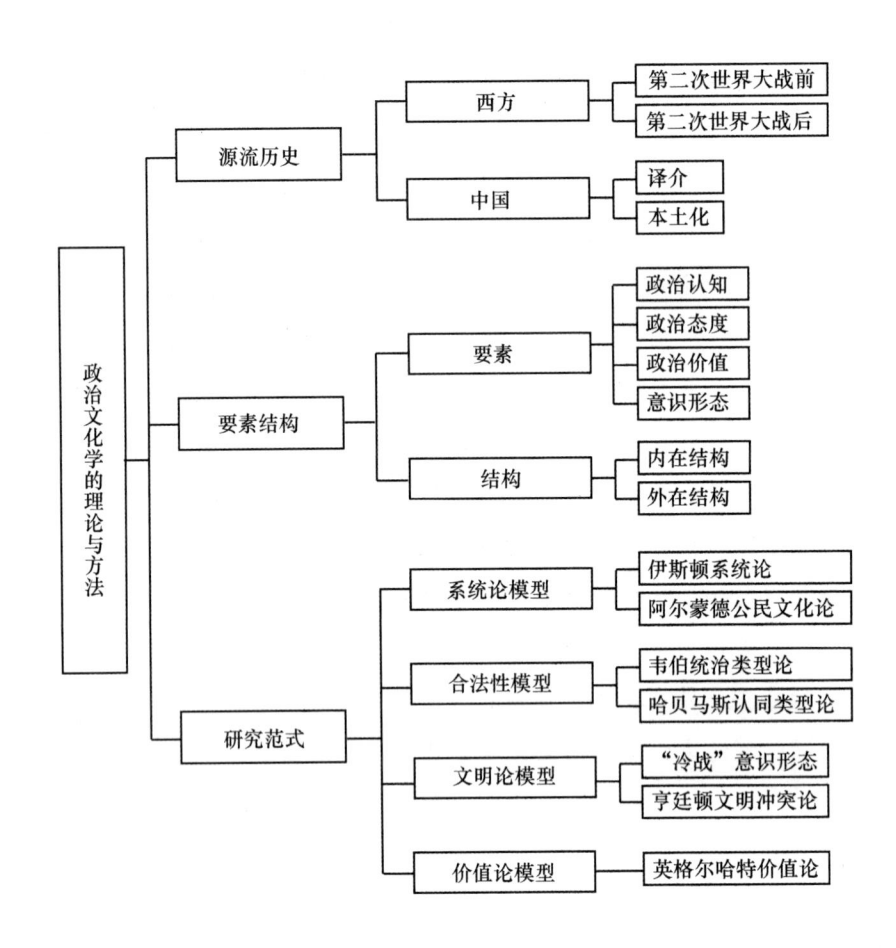

```
政治文化学的理论与方法
├── 源流历史
│   ├── 西方
│   │   ├── 第二次世界大战前
│   │   └── 第二次世界大战后
│   └── 中国
│       ├── 译介
│       └── 本土化
├── 要素结构
│   ├── 要素
│   │   ├── 政治认知
│   │   ├── 政治态度
│   │   ├── 政治价值
│   │   └── 意识形态
│   └── 结构
│       ├── 内在结构
│       └── 外在结构
└── 研究范式
    ├── 系统论模型
    │   ├── 伊斯顿系统论
    │   └── 阿尔蒙德公民文化论
    ├── 合法性模型
    │   ├── 韦伯统治类型论
    │   └── 哈贝马斯认同类型论
    ├── 文明论模型
    │   ├── "冷战"意识形态
    │   └── 亨廷顿文明冲突论
    └── 价值论模型
        └── 英格尔哈特价值论
```

◎ 观点摘要

1. 对政治文化的研究不仅形成了丰富的理论，还形成了科学的方法，推动了比较政治学的研究，成为政治学研究的基础主题。在这一意义上，可以称其为政治文化学。

2. 政治文化是政治生活的"软件"，政治文化学构成了政治学的基础主题。

3. 意大利政治学家莫斯卡提出的"政治公式"，米歇尔斯提出的"寡头统治铁律"，帕雷托提出的"残差"理论，葛兰西提出的"文化霸权"理论，都蕴含着丰富的政治文化理论与方法。

4. 奠定政治文化研究基础的，是阿尔蒙德和维巴合著的《公民文化——五国的政治态度和民主》、白鲁恂与维巴合编的《政治文化与政治发展》以及阿尔蒙德和鲍威尔合著的《比较政治学：体系、过程和政策》这三本书。

5. 中国政治学界对政治文化的研究主要集中在中国政治文化、外国政治文化和比较政治文化三个领域。

6. 政治文化有着非常丰富的要素，包括了政治认知、政治态度、政治价值、意识形态等要素，这构成了政治文化的内在结构。

7. 在政治文化的内在结构当中，政治认知、政治态度、政治价值和意识形态等各种要素之间互相影响，构成了政治文化的理论结构。从政治学的结构来看，政治文化与公共政策、政治制度、政治行为等要素互相影响，在治国理政中具有重要作用，这构成了政治文化的外在结构。

8. 系统论模型就是在政治系统分析的基础上，通过分析公民在系统各要素上的政治倾向来研究政治文化，最典型的是阿尔蒙德在伊斯顿系统论的基础上提出的公民文化理论。

9. 合法性模型就是从统治合法性的角度分析服从与认同的政治文化机制，主要包括以韦伯为代表的统治类型论和以哈贝马斯为代表的认同类型论。合法性模型被广泛地运用于现代公民对国家的认同、党员对政党的认同当中，有着非常广泛的应用。

10. 文明论模型是以国家为分析单位，通过分析国家在文明中的同质关系来理解国际政治从而形成的政治文化分析模型，主要以亨廷顿等人为代表。

11. 价值论模型是以价值分析为手段，运用大量价值观调查数据来分析政治文化的一种模型。价值论模型是当前政治文化研究最为流行的分析模型，以英格尔哈特等人为代表。

12. 政治文化的概念写进党的重要文献，在中国政治生活中具有重要的实践意义，政治文化学是中国政治学"新五论"的代表。

对政治文化（political culture）的研究不仅形成了丰富的理论，还形成了科学的方法，推动了比较政治学的研究，成为政治学研究的基础主题。在这一意义上，可以称其为政治文化学。政治文化研究在第二次世界大战后美国政治科学的研究热潮中异军突起，产生了广泛的影响，成为显学。同时，这一研究也传入中国，深刻地影响了中国政治学的形成与发展，与政治发展、政治参与等主题并称为改革开放以来政治学的"新五论"。在政治学的教学过程中，政治学概论的教材大多都会为"政治文化"专设一章。

政治文化是政治生活的"软件"，政治文化学构成了政治学的基础主题。政治生活内容十分丰富，非常复杂。从认识的角度，我们可以把政治分为两个方面：一类直接表现在政治生活当中，看得见、摸得着，例如政治制度、政治事件等，这些是政治"硬"的方面，可以称为政治的硬件（hardware of political system）；还有一类间接地存在于政治主体的内心世界，看不见、摸不着，例如政治思想、意识形态和政治态度等，这些是政治"软"的方面，可以称为政治的软件（software of political system）。

对象不同，决定了认知也并不相同。研究对象的差异直接影响了政治学知识体系的分类方式。对于直接表现出来，看得见、摸得着的政治制度的研究，可以直接采用观察、获取文件档案、进行田野调查等方法来研究。对于政治文化这种存在人的头脑当中的对政治系统的主观认识中的"软"政治，一般要通过社会调查、访谈，间接地通过阅读历史文献，分析主观世界等方法来研究。

政治文化学的出现，丰富了政治学，尤其是比较政治学的研究，有着重大的意义。在传统的政治学研究中政治制度的研究占据着主导地位，从古希腊对于政体的研究，到当代的制度主义和新制度主义，都在政治学研究当中举足轻重。政治学研究大多从宪法角度，从政治制度、政体和国体角度来展开。第二次世界大战之后，在美国兴起了行为主义，将研究的目标重新对准个人。在行为主义的研究当中，除了政治制度能够约束个人的政治行为之外，还有另一个非常重要的方面就是人的政治心理、政治态度和政治价值观,这些内容被统称为政治文化。

一 政治文化学的源流历史

对政治文化现象的研究源远流长,为政治文化研究的理论与方法提供了丰富的资源。传统政治学当中就有着丰富的政治文化研究资源。第二次世界大战后政治科学研究的兴起,带来了政治文化理论与方法的大发展。政治文化的概念传入中国后,在对西方政治文化研究理论与方法吸收借鉴的基础上逐渐实现了本土化,在中国政治文化传统、西方政治文化、比较政治文化等主题上形成了一系列理论与方法,并且出现在官方文件当中,成为分析中国政治的重要理论与方法。

(一) 西方政治文化学的发展

系统性的政治文化研究虽然出现较晚,但对政治文化现象的重视和研究却源远流长。早在古希腊时期,亚里士多德就曾从城邦政体的视角对促成政治稳定或变革的心态进行了研究。在近现代西方政治学领域,柏克、托克维尔、戴雪、白哲特等学者或思想家都做过类似的研究。实际上,一些政治学家,像莫斯卡、帕雷托、米歇尔斯等人曾经分别在不同程度上提出过政治文化的理论与方法。正是在这个意义上,《布莱克维尔政治学百科全书》将"政治文化"视为"关于一种旧观念的相当新的术语"[1]。

亚里士多德被视为西方政治学之父,也是政治文化研究的开创者。据克拉汉的估计,亚里士多德对包括雅典在内的158个希腊城邦的政体进行了比较分析,经典著作《雅典政制》实际上是这一庞大的比较政治研究工程的一个部分。当然,这种研究更多地是从政治制度角度入手的。但是,在《雅典政制》一书中,亚里士多德也使用了大量的诗篇、民歌和谚语等文化成果展

---

[1] [英] 戴维·米勒、韦农·波格丹诺:《布莱克维尔政治学百科全书》,邓正来主译,中国政法大学出版社1992年版,第595页。

开研究，开创了政治文化研究。直至今天，从文学作品中分析政治文化内涵的方法，仍然被沿用下来，广泛使用。

研究政治文化的思想家大多强调了政治文化对政治制度的影响。"他们依据各自的历史经验都承认民主政体的内在困境，对亚里士多德和波利比乌斯来说，是雅典民主政体下的过度民主；对西塞罗来说，是罗马的混乱；对托克维尔来说，是法国大革命；对穆勒和白哲特而言，是法国和英国的历史经验；而对熊彼特和20世纪30、40和50年代的整整一代政治学者来说，是魏玛民主制度崩溃。"[①] 德国哲学家哈贝马斯曾经指出，建立在民主法治国家基础上的政治制度并不会自动运行，它更依赖"一种自由的政治文化"[②] 以及习惯于自由的人民。这非常明确地指出了政治制度和政治文化的关系。

近代政治学家注意到了政治文化在政治统治和管理过程中的重大意义。他们普遍认为，适应性的政治文化使政治统治绩效更高、成本更低，从而能够显著地提高效率。人们发现，只依靠暴力，统治者也可能达到某种稳定的政治统治；但是，这种统治会带来高昂的成本，并常常面临着非常大的风险。现代政治更强调被统治者的服从，而这种被统治者的服从主要与政治生活中的心理和文化要素有关，因此，这些要素非常重要。意大利政治学家加埃塔诺·莫斯卡（Gaetano Mosca）提出了"政治公式"（political formula），罗伯特·米歇尔斯（Robert Michels）提出了"寡头统治铁律"（iron law of oligarchy），维弗雷多·帕雷托（Vilfredo Pareto）提出"残差"（residue）理论，葛兰西提出"文化霸权"（cultural hegemony）理论，都有着丰富的政治文化理论与方法。这些理论也大多是从政治文化角度入手，试图从政治文化的要素中揭示政治统治的奥秘。

莫斯卡认为存在着一种"政治公式"，用来证明统治阶级统治的正当性。正是因为这一政治公式的存在，统治者和被统治者之间就统治达成了某种共识，至少表面上看来统治者是经由被统治者的"同意"进行统治的。在莫斯卡看来，尽管政治公式的内容各不相同，有时是某种宗教信仰，有

[①] [英]戴维·米勒、韦农·波格丹诺：《布莱克维尔政治学百科全书》，邓正来主译，中国政法大学出版社1992年版，第125—126页。

[②] [德]尤尔根·哈贝马斯：《后民族结构》，曹卫东译，上海人民出版社2002版，第231页。

时是某种超自然力量，但是它们的目的是相同的，即获得大众在文化角度对政治统治的认可或支持。莫斯卡认为政治公式不是统治者欺骗大众的工具，而是某种统治者和被统治者都能感觉到，并且在道德上都认可其政治统治地位的正义性。

米歇尔斯在论述"寡头统治铁律"时也谈到了精英统治的心理因素问题。他认为人性中有一种"对权力的本能的贪婪"，而且那种对控制的渴望是具有普遍性的。[1] 因此，由组织需要而激发的管理、策略完全取决于心理。[2] 当人们追求权力的心理没有得到满足时，就会产生一种"领导的心理因素"。对于那些被领导者，尤其是文职官员来说，由于长时间生存于某种领导之下，或是由于自己受到某种恩惠而心存感激，或是由于某种心理而对领导恐惧有加。

帕雷托也十分重视这种对政治统治心理方面的研究。尽管在经济学上取得了很高的成就，但帕雷托还是感到许多问题经济学根本无法解决，于是他转向社会学研究。帕雷托认为，一个行为的目标和实现目标的方法是现实可用的，那么在理性指导下，这种行为就成为一种逻辑行为（logical action）。但是，在人类的行为中存在着大量的"非逻辑行为"（non-logical action），即在实际生活中，人们的行为大多受到感情等其他因素的影响而产生非逻辑行为。那些人性中固有的情感就是所谓的"残差"[3]。帕雷托所指的"残差"指的是那些人性中"固有的情感和情感的表现"[4]。在此基础上，帕雷托认为，人们总会将自己的行为的真实动机进行有意无意的掩盖，这种行为就是"派生"。帕雷托所称的"派生"类似于政治意识形态，是一种理论化和系统化的文化要素。

第二次世界大战后，美国行为主义的兴起推动了政治文化研究的兴起。

---

[1] Robert Michaels, *Political Parties: A Sociological Study of the Oligarchical Tendencies of Modern Democracy*, New York: Routledge Press, 1962, p. 206.

[2] Robert Michaels, *Political Parties: A Sociological Study of the Oligarchical Tendencies of Modern Democracy*, New York: Routledge Press, 1962, p. 205.

[3] 传统翻译为"剩遗物"，但这里翻译为"残差"更容易理解。残差是一个数理统计的术语，指实际观察值与拟合值之间的差。在这里，用残差表示按照逻辑估计不能解释，而只能用非逻辑估计来解释的部分。

[4] ［法］雷蒙·阿隆：《社会学主要思潮》，葛智强译，华夏出版社2000年版，第274页。

为什么同样的政治制度在不同的国家会有不同的表现呢？传统政治学研究是以制度为中心，然而仅仅聚焦于制度是无法理解这个问题的。第二次世界大战后美国行为主义兴起后，人们开始从政治文化的角度来研究这一问题。人们越来越关注制度背后的文化因素，将政治学从政治制度拓展到政治文化，关注人的行为，探究行为背后的文化、态度和价值，极大地丰富了政治学研究。政治文化不仅影响到政治制度，同时还会影响到人的政治行为，是当代西方政治科学行为主义的一个重要支撑。同时，政治文化研究的引入，也丰富了比较政治学的范畴，超越了政治制度比较的狭隘视角，越来越多地从政治文化角度进行比较政治分析。政治文化研究在兴起之初主要面向发展中国家，以国家作为研究对象。事实上，政治文化的概念本身就是在跨国范围内作为比较政治学的方法而被广泛使用的。[①]

在这一研究进程中，美国政治学家阿尔蒙德（Gabriel Almond）在《比较政治体系》一文中提出的政治文化概念，成为政治文化学的里程碑。20世纪50年代后期，政治文化研究逐渐繁荣。塞缪尔·比尔（Samuel Beer）和亚当·乌尔曼（Adam Ulam）两人于1958年合作出版了《政府的模型：欧洲主要政治体系》一书，他们认为政治文化包括政治价值、信仰体系、感情态度与符号等要素，将政治文化列为政治体系的最基本因素之一。[②] 到了20世纪60年代，政治文化研究形成了一股热潮。里昂宾德的《伊朗：变迁社会的政治发展》（1962）、亚伯特的《乌干达的政治王国：官僚民族主义之研究》（1961）以及《过渡中的加纳》（1961）都对政治文化现象进行了探讨。1963年，美国著名政治学家尤劳（Heinz Eulau）在其《政治学行为派》一书中充分肯定了政治文化概念的价值，视其为政治行为研究的一个重大进步。[③] 奠定政治文化研究基础的，是阿尔蒙德和维巴（Sidney Verba）合著的《公民文

[①] Edward Lehman, "On the Concept of Political Culture: A Theoretical Reassessment", *Social Forces*, Vol. 50, No. 3, 1972, p. 361.

[②] Samuel Beer, Adam Ulam, *Patterns of Government: The Major Political Systems of Europe*, New York: Random House, 1973.

[③] Heinz Eulau, Cover Art, *The Behavioural Persuasion in Politics*, New York: Random House, 1967.

化——五国的政治态度和民主》①、派伊（Lucia Pye）与维巴合编的《政治文化与政治发展》以及阿尔蒙德和鲍威尔合著的《比较政治学：体系、过程和政策》②这三本书。

政治文化研究最重要的著作是哈佛大学的阿尔蒙德和维巴合著的《公民文化——五国的政治态度和民主》。本书既是政治文化的奠基之作，亦是比较政治文化的入门必读之作、政治文化研究的经典之作。在这本书当中，阿尔蒙德发展了政治文化的概念，主持了第一个通过社会调查进行跨国比较的政治文化研究工程。这一工程历时多年，在美国、英国、德国、意大利和墨西哥这五个国家进行了大量的调查研究，最终得出了一些重要的结论。该书不仅是政治文化研究方法论的经典，而且在政治文化的类型划分、公民文化理论等方面进行了理论阐释，成为后来政治文化研究的基础。

随着政治文化研究的深入，政治文化的研究成果也越来越丰富。除了前文提到的著作之外，有影响的政治文化研究著作还包括：伊斯顿的《政治分析的框架》、亨廷顿的《变动社会中的政治秩序》《文明的冲突与世界秩序的重建》、费根的《古巴政治文化的转化》、塔克的《文化、政治文化与共产主义》、罗森鲍姆的《政治文化》等。

在理性选择和新制度主义等理论的冲击下，政治文化研究一度出现衰落的迹象。马克斯·凯斯（Marx Kaase）认为，政治文化研究如空中画饼，政治文化的概念缺乏精确性，无法成为一个有经验依据的、可测量的概念。③而布莱恩·巴里（Brian Barry）更是直接认为政治文化的研究不过是一个边缘的研究而已，他明确地否认政治文化与政治制度之间存在着因果联系。④

在一段时间的沉寂后，政治文化的研究在英格尔哈特、普特南等人发起

---

① Gabriel Almond, Sidney Verba, *The Civic Culture: Political Attitudes and Democracy in Five Nations*, Sage Publications, 1989.
② Gabriel Almond, Bingham Powell Jr., *Comparative Politics: System, Process, and Policy*, Boston: TBS The Book Service Ltd., 1978.
③ [美] 罗伯特·古丁、汉斯-迪特尔·克林格曼主编：《政治科学新手册》，钟开斌等译，生活·读书·新知三联书店2006年版，第481页。
④ Brian Barry, *Sociologists, Economists and Democracy*, London: Collier-Macmillan, 1970. 转引自 [美] 罗伯特·古丁、汉斯-迪特尔·克林格曼主编：《政治科学新手册》，钟开斌等译，生活·读书·新知三联书店2006年版，第481页。

的新范式当中逐渐恢复活力。1981 年，英格尔哈特等人发起世界价值观调查，通过对 22 个国家的价值观调查为政治态度与民主稳定之间的内在关系提供了新的证据。① 普特南通过对意大利社会资本的分析再一次论证了政治文化与政府绩效之间的一致性。普特南提出了社会资本的概念，强调了文化的重要作用，对政治文化研究的复兴起到了重要作用。他明确指出："公民组织中的公民虽然不是无私的圣人，但并不是将公共领域视为追求个人私利的战场。"② 这实际上是对理性选择理论的一种反驳。

到 20 世纪 80 年代末期，阿隆·维尔达夫斯基（Aaron Wildavsky）在美国政治学会的演讲从偏好的角度重提政治文化，并主张政治文化应该得到应有的重视。英格尔哈特于 1988 年发表了题为"政治文化的复兴"的演说，进一步推动了政治文化的复兴。③ 阿尔蒙德在 1993 年表示，政治文化研究又再度回到比较政治的领域里。在哈里·艾肯斯坦（Harry Eckstein）等人的努力下，政治文化的研究逐渐复兴。当然，对政治文化的复兴仍然有不同的看法。罗伯特·杰克曼（Robert Jackman）和罗斯·米勒（Ross Miller）则认为，在政治文化与政治和经济绩效之间，并没有人们想象的那种系统的联系。④ 两人对普特南对意大利和英格尔哈特对工业民主国家的调查进行了重新评估，质疑政治文化复兴的意义。

政治文化在西方政治学中的发展，起起落落，体现了否定之否定的规律。政治文化的研究也正是在螺旋式上升、波浪式前进的发展道路上丰富了理论与方法，越来越成为政治学研究的重要主题。在这一过程中，阿尔蒙德、维巴、白鲁恂、伊斯顿、亨廷顿、英格尔哈特、普特南等诸多政治学家从不同的角度出发，丰富了政治文化研究的理论与方法，推进了政治文化研究的发展。

---

① Ronlad Inglehart, *Culture Shift in Advanced Industrial Society*, Princeton: Princeton University Press, 1990.

② Robert D. Putnam, *Making Democracy Work: Civic Traditions in Modern Italy*, Princeton: Princeton University Press, 1993, p. 88.

③ Ronald Inglehart, "The Renaissance of Political Culture", *The American Political Science Review*, Vol. 82, No. 4, 1988, p. 1203.

④ Robert W. Jackman, Ross A. Miller, "A Renaissance of Political Culture?", *American Journal of Political Science*, Vol. 40, No. 3, 1996, p. 632.

（二）中国政治文化学的发展

随着国内政治学专业的恢复重建，政治文化研究的队伍也在不断壮大。在政治学恢复重建的过程中，一些高校的政治学系配备了政治文化研究的教学人员，条件比较好的高校甚至建成了比较合理的学术团队。一些高校还设立了政治文化研究中心和研究所等科研机构，形成了一些专业化的学术研究群体。例如天津师范大学的政治文化与政治文明建设研究院，以南开大学刘泽华为代表的中国政治文化研究群体和以徐大同为代表的西方政治文化研究群体等。天津师范大学连续推出《中西政治文化论丛》1—6 辑，极大地丰富了政治文化的研究。总体来看，中国政治学界对政治文化的研究主要集中在中国政治文化、西国政治文化和中西政治文化的比较三个领域。

中国政治文化研究取得了长足的进展。南开大学刘泽华教授主编的"中国政治文化丛书"[①] 于 2000—2001 年由浙江人民出版社推出，其中包括葛荃的《立命与忠诚：士人政治精神的典型分析》、张分田的《亦主亦奴：中国古代官僚的社会人格》、张荣明的《权力的谎言：中国传统的政治宗教》、杨阳的《王权的图腾化：政教合一与中国社会》、胡学常的《文学话语与权力话语：汉赋与两汉政治》共计 5 种，代表了我国传统政治文化研究的新高度。

西国政治文化研究也产生了一些重要的成果。这些成果集中体现为对西方政治文化的研究，包括厘清西方政治文化发展的模型、跟踪西方政治文化理论发展的最新成果等领域。《西方政治文化传统》从历史的角度对古希腊、古罗马以及中世纪西方的政治文化传统进行探讨，是在政治思想的基础上融合了政治制度史、政治史综合分析政治文化的代表作。[②] 高毅所著的《法兰西风格——大革命的政治文化》则是我国史学界以政治文化的分析方法进行世界历史研究的一部重要著作，从大革命的时代背景出发探究了法国政治文

[①] 葛荃：《立命与忠诚：士人政治精神的典型分析》，浙江人民出版社 2000 年版；张分田：《亦主亦奴：中国古代官僚的社会人格》，浙江人民出版社 2001 年版；张荣明：《权力的谎言：中国传统的政治宗教》，浙江人民出版社 2000 年版；杨阳：《王权的图腾化：政教合一与中国社会》，浙江人民出版社 2000 年版；胡学常：《文学话语与权力话语：汉赋与两汉政治》，浙江人民出版社 2000 年版。

[②] 丛日云：《西方政治文化传统》，大连出版社 1996 年版。

化的内涵与特征。①

中西政治文化的比较研究毋庸置疑地成为政治文化研究的一个重要议题。由徐大同、高建主编的《中西传统政治文化比较研究》从中西政治文化产生的自然地理环境、经济、政治等基础入手，对中西政治文化中"寻道"与"穷理"的政治思维方式、"一"与"多"的政治思维方向等做了全面介绍，是我国较早的一本专注于中西政治文化比较的专著。②佟德志主编的《比较政治文化导论》更细致地继承了这一研究思路，以政治文化概念提供的政治认知、政治态度、政治价值、意识形态分析框架为脉络，综合运用实证与规范的理论，对中西政治文化进行了比较。③潘一禾所著的《观念与体制——政治文化的比较研究》则从政治文化的研究方法、分析模型、差异及根源、影响因素等角度入手进行了比较研究，并且对公民文化与民主制建设、政治文化与政体稳定、政治社会化、政治文化与政治舆论、外交政策中的政治文化等进行了研究。④

进入21世纪，政治文化研究越来越成熟。对政治文化理论进行综合性研究的成果虽不多见，但仍有一些相关努力。⑤一些传统的研究主题，比如对中国古代朝代政治文化的研究仍然是历史学研究的一个重点，如对元代和秦代政治文化的研究。⑥对传统政治文化的研究热情仍然不减，⑦也有一些将政治文化作为方法研究政治的作品、⑧对外国政治文化的研究⑨等作品。人民出版社出版了一套"政治文化丛书"，包括《共产党人的心学——政治文化小札》《走出迷局——审视历史中的人性与制度》《信仰的底色——红色基因解

---

① 高毅：《法兰西风格——大革命的政治文化》，浙江人民出版社1991年版。
② 徐大同、高建主编：《中西传统政治文化比较研究》，天津教育出版社1997年版。
③ 佟德志主编：《比较政治文化导论》，高等教育出版社2011年版。
④ 潘一禾：《观念与体制——政治文化的比较研究》，学林出版社2002年版。
⑤ 胡鹏：《政治文化新论》，复旦大学出版社2020年版。
⑥ 李治安：《元代政治文化新探》，中国社会科学出版社2022年版；雷依群：《秦政治文化研究》，西北大学出版社2021年版。
⑦ 丛日云：《传统政治文化与现代政治文明：一项跨文化研究》，社会科学文献出版社2014年版；石永之、孙聚友：《中国政治文化的现代转型探析》，中国社会科学出版社2019年版。
⑧ 蒋英州：《基于政治文化视角的中国国家软实力建设研究》，中国社会科学出版社2014年版。
⑨ 朱晓琦：《日本政治文化与选举制度：以政治家后援会为中心的研究》，社会科学文献出版社2018年版。

码》《历史大棋局——古代雄主用人评略》《书卷多情似故人》五卷，主要是从政治文化角度构建政治生态理论。① 另外，还有一些重要的政治文化研究的著作被译介到国内来，② 推动了国内政治文化研究的深入。

二 政治文化学的要素结构

政治文化有着非常丰富的要素，包括政治认知、政治态度、政治价值、意识形态等。如果将这些要素拓展，把所有主观方面的要素都加进来，政治文化的要素会更加丰富。那么，政治文化包含了哪些要素？这些要素之间又存在着怎样的关系呢？对以上问题的回答，是政治文化学必须要重视的，这既是对政治文化要素结构的探讨，也是对政治文化学研究对象的概括。

（一）政治文化学的要素与方法

美国政治学家阿尔蒙德首次在现代政治意义上使用了政治文化概念。1956 年，阿尔蒙德在《政治学季刊》上发表的《比较政治体系》（"Comparative Political Systems"）一文中首次使用了"政治文化"（political culture）一词，并将其界定为"政治行为的主观倾向"③。这是一个非常简约的概念，还并不具体，带有模糊性。但总的来看，这一概念提示了政治文化的特性，有利于我们去理解政治文化的基本要素，为后续的研究奠定了基础。

一方面，阿尔蒙德是从政治科学的角度对政治文化进行界定和研究。他使用的是政治系统（political system）而非国家（state、nation 或 country），这是行为主义政治学的一个标志性特征。亚里士多德、柏拉图、莫斯卡、帕累托、米歇尔斯等人的政治文化研究以及在这些研究的基础上产生

---

① 陈家兴：《共产党人的心学——政治文化小札》，人民出版社 2018 年版；陈良：《走出迷局——审视历史中的人性与制度》，人民出版社 2018 年版；简奕、杨新：《信仰的底色——红色基因解码》，人民出版社 2018 年版；陈家兴：《历史大棋局——古代雄主用人评略》，人民出版社 2018 年版；杨立杰：《书卷多情似故人》，人民出版社 2018 年版。

② 丛日云主编的"政治文化译丛"，包括英格尔哈特等人的重要作品（参见 [美] 罗纳德·英格尔哈特《发达工业社会的文化转型》，社会科学文献出版社 2013 年版）。

③ Gabriel Almond, "Comparative Political Systems", *The Journal of Politics*, Vol. 18, No. 3, 1956, p. 396.

的理论，都是以国家为研究对象的，阿尔蒙德在政治系统的基础上建立起政治文化的概念内涵，使得政治文化更容易被观察、被测量、被理解，包括作为变量发现知识之间的因果关系。尽管美国行为主义政治学也在后期出现了重返国家的研究变化，阿尔蒙德也是这一潮流的推动者，但建立在政治系统论基础上的政治文化概念被确定下来，使得政治文化的研究更科学化，也更有分析价值。

另一方面，阿尔蒙德将政治文化定位为政治系统的主观倾向，为政治文化研究对象的界定留下了广阔的空间。主观倾向是一个笼统概念，带有模糊性。这意味着政治文化的研究对象是人们头脑当中看不见、摸不着，但却可以感受到的主观要素。后来的政治文化研究不断地向政治认知、政治态度、政治价值等概念拓展，将意识形态、政治信仰、民族文化、宗教等都容纳进来，这与最初阿尔蒙德提出的这个开放性的概念是联系在一起的。当然，这里的主观也是一个相对概念。政治文化是对政治系统这样的客观存在的主观倾向，并不是主观随意的结果。政治文化这种主观存在的本身是客观的，不是随着人们的主观意志而变化的。这使得政治文化的研究与政治制度的研究在方法上形成明显的差异。

进一步地，我们可以综合政治文化的研究，将政治文化的基本要素区别为政治认知、政治态度、政治价值、意识形态等基本内容。实际上，还有很多要素，也可以加到政治文化的要素中来，比如政治信仰、价值观、认同等，在这里我们重点介绍其中的四种。

第一，政治认知（political cognizance），即政治主体获得政治知识的过程。认知是主体对客观存在进行观察、记忆的心理过程，包括感觉、知觉、记忆、思维和想象等。人脑接受外界信息，经过加工处理转换为知识的心理活动，就是认知的过程。政治认知就是政治主体对客观存在的政治现象进行认知的过程。认知的结果是经验知识，告诉人们事情是什么，是对经验的知识产生基本认识，也就是一些纯粹知识性的内容。例如，拜登是美国总统，就是政治认知的结论。这种认知的形式上是主观的，但政治认知又是主观认知当中最具有客观性的。政治认知也会体现出个体的主观选择性。例如，一个中国人可能知道美国总统是拜登，但有可能不知道谁是洪都拉斯或尼加拉瓜总统，这就是政治主体政治认知选择性的结果。

第二，政治态度（political attitude），即主体在认识客体过程中形成的一种评价，包括了认知、情感和行为倾向。政治态度是对政治认知的一种情感评价，进而发展出对一些具体人、事或物的行为倾向。因此，政治态度以政治认知为基础，以政治情感和政治行为倾向为表现。一般来讲，政治态度既可以是积极的，也可以是消极的；既可以是内隐的，也可以是外显的。与政治价值相比，政治态度是针对具体的人、事或物的，是对具体客观对象的主观倾向。比如，特朗普是美国前总统，这是认知，但是有人喜欢特朗普、有人不喜欢特朗普，这就是政治态度，影响这种态度形成的要素是多个方面的。狭义的政治态度一般指积极、消极等政治情感，但广义的政治态度甚至包括了政治文化的内容。有相关的研究作品直接用政治态度来替代政治文化。

第三，政治价值（political value），即政治生活中客体对主体需要的意义。人们会在认知、态度的基础上进一步发展，从而形成价值。与政治态度客体的具体性相比，政治价值的客体更为抽象，是对体现在一系列具体客体中的某一类客体的抽象。价值是一种规范性的需要，表达的是一种"应然性"。政治价值的概括性和观念性更加强烈。比如，一个人喜欢去投票站投票，或是自由地出入公共场所，这些是政治态度的层次。如果将类似的一系列态度概括为自由，表达为一个人更喜欢政治自由，这就进入了政治价值层面。自由的价值是从一系列自由的具体事物和行为中体现出来的，"个体的自由应该是最重要的事情"这种评价，实际上就是从很多个体自由当中抽象出来的表达。

第四，意识形态（political ideology），即对政治实践产生重大影响的观念体系，是政治价值系统化、理论化的表现形式。政治价值一般表现为单个的存在，比如自由、平等、民主、法治等，意识形态就是将这些政治价值通过系统化和理论化的方式组合成一套体系，比如自由主义、保守主义。意识形态的英文是ideology，是词根idea加上后缀-ology组合而成的，意思就是系统化的观念（systems of ideas）。意识形态比价值更系统，是一系列的价值组合在一起形成的价值系统。经济上主张自由放任，政治上主张自由民主，这是政治价值。如果将这些政治价值组合起来，形成自由放任、市场经济、自由民主等的一套价值观念，并提出具体的政策主张，这就构成了自由主义的意识形态。其他各种意识形态，也都在不同程度上是一系列政治价值的组合。

西方学者对政治文化的界定并不一致，存在着多元化的理解。阿尔蒙德和普特南等人一般从政治心理的角度来理解政治文化，这是对政治文化的狭义的理解（但实际上，阿尔蒙德也不拒绝对政治文化的拓展）。杰克·普拉诺等在《政治学分析词典》中也认可这种解释，他指出："政治文化是每一社会内由学习和社会传递得来的关于政府和政治行为模型的聚集。政治文化通常包括政治行为心理因素，如观念、情感及评价意向等，政治文化既是全社会历史经验的产物，也是每个人社会化的个人经验的能力。"[1]

但对政治文化内涵的界定方式并不局限于此，而是存在着各种各样的定义方式。理查德·法根（Richard Fagen）、白鲁恂（Lucian Pye）和理查德·所罗门（Richard Solomon）等人认同从政治心理学的角度来界定政治文化，但他们同时也兼容政治思想的内容。[2] 威廉·布鲁姆（William Bluhm）和理查德·威尔逊（Richard Wilson）等人则从更为广泛的内容出发，将意识形态纳入政治文化的分析当中，甚至主要是从意识形态的角度来理解政治文化。[3]

关于政治文化的研究内容，学术界既有共识，也存在着一些特定的争论。学术界普遍认为，类似于自由、平等、民主、法治和共和这些重要的价值，都是政治文化要分析的内容，同时这些价值也是政治思想和政治哲学研究中的重要主题，而民主既是政治制度又是政治价值。对于这些基本要素，学术界是存在基本共识的。

---

[1] [美] 杰克·普拉诺等：《政治学分析词典》，胡杰译，中国社会科学出版社1986年版，第111页。

[2] Richard Fagen, *The Transformation of Political Culture in Cuba*, Stanford: Stanford University Press, 1969; Richard Solomon, *Mao's Revolution and the Chinese Political Culture*, Berkeley: University of California Press, 1971.

[3] William Bluhm, *Ideologies and Attitudes: Modern Political Culture*, Englewood Cliffs: Prentice-Hall, 1974; Richard Wilson, *Learning to be Chinese: The Political Socialization Children in Taiwan*, Cambridge: M. I. T. Press, 1970.

但在意识形态是不是政治文化研究的构成要素这一问题上存在争议。阿尔蒙德认为，意识形态是一般政治倾向的系统化的和外在的形式，[①]从这个意义上讲，意识形态是政治文化的组成部分。还有一些学者从政治心理学的范畴来理解政治文化，认为意识形态不属于政治文化。从分析的意义上，将一些意识形态加入政治文化的范畴内，可以很好地解释政治现象。一方面，意识形态也是主观倾向性，这与政治文化对主观倾向的强调是一致的；另一方面，将自由主义、保守主义、民主社会主义等意识形态纳入政治分析，对政治实践有着重要的意义。比如，在分析政党的政治主张和政策实践时，常常可以从这个政党的意识形态中得出启示。各种意识形态的起起落落，直接与国内政治的走向和国际政治的潮流密切联系在一起。笔者更倾向于将意识形态放到政治文化当中，以政治系统的主观倾向来界定政治文化的内涵，从而厘清政治文化政治认知、政治态度、政治价值和意识形态的四个核心要素。

国内学者一般认为意识形态属于政治文化的范畴。徐大同和高建指出，"作为一种文化现象的研究，只停留在感性、心理阶段是不够的"，政治文化"还应包括更深层的政治观念、政治思想以及政治学说等理性部分，即包括经过人们对民族心理、民族的表层政治文化提炼以后而升华为观念形态的思想文化"[②]。甚至有政治文化的研究者将大众政治心理和意识形态作为分析政治文化的两个基本维度，认为处理好大众政治心理与意识形态之间的关系，使其尽可能保持一种和谐的状况，对于任何一种政治文化都是至关重要的。[③]一些有影响的教材也采纳了这一观点。例如，复旦大学出版社出版的 MPA 政治学理论教材中把意识形态视为政治文化的组成部分，认为"在任何政治文化系统中，政治意识形态都处于核心地位"[④]。

我们可以看到，政治文化与行为主义、政治思想、政治思潮、政治心理

[①] Gabriel Almond, "Comparative Political Systems", *The Journal of Politics*, Vol. 18, No. 3, 1956, p. 397.

[②] 徐大同、高建主编：《中西传统政治文化比较研究》，天津教育出版社1997年版，第8—9页。

[③] 郑维东、李晓男：《政治文化的两种维度：政治心理与意识形态》，《中国青年政治学院学报》2004年第1期。

[④] 孙关宏、胡雨春：《政治学》，复旦大学出版社2006年版，第240页。

学、政治社会学等一系列学科密切联系在一起，这种相近性也决定了政治文化的研究常常会采取政治思想、意识形态、心理学、社会调查等相关的分析方法。从中国的研究来看，多数的政治文化研究者会从政治思想和意识形态的角度切入政治文化的研究。但同时，心理学方法、社会学方法在政治文化的研究当中也占有重要的地位。

传统的政治文化研究大多依赖文本分析，随着现代社会调查的小数据统计和网络抓取的大数据统计的发展，一些新的分析方法逐渐得到了运用。美国学者很早就用大数据文本分析的方法来分析《联邦党人文集》，根据观点、行文、风格来判断文集中各篇文章的作者。运用大数据分析，常常会有一些新的发现。现代大数据的分析为分析政治文化提供了新的工具，如果将大数据分析和人力分析结合起来，分析结果可能会更加精确。目前，情感分析是大数据文本分析领域较为成熟的技术，使用现有的情感分析词典，学者可以判断出文本与某个概念密切相关的政治态度。

社会调查的方法在政治文化的研究中占有重要的地位。从早年阿尔蒙德主持的五国政治文化调查来看就是如此。西方政治文化的研究常常与大规模的社会调查联系起来，这与政治文化研究兴起的政治科学背景有关。在强调科学性、实证性的大背景下，政治文化研究在美国带有很强的调查导向性。即使没有使用调查数据的研究，也倾向于通过访谈等方法来研究政治文化。英格尔哈特主持的世界价值观调查更是一个成功的例子。在中国，北京大学、南京大学等高校在中国的政治文化研究当中，也都是采用社会调查的数据来进行研究。

综合各种研究方法来分析政治文化是政治文化研究的最佳策略。在拥有大数据、小数据、质性数据的情况下，综合运用各种方法，而不是一种方法，可能会得出更为可靠的结论。以美国制宪会议记录为例，麦迪逊作为美国宪法的主要制定者，他全程记录了当年制宪会议期间代表的发言，可以用于分析当时代表的政治态度。传统的方法，我们可以直接做文本分析，用思想史的方法得出结论。但在大数据环境下，我们可以用大数据文本分析方法对这些记录做文本词频统计，然后再结合规范的判断得出结论。例如，通过搜索找到与"Democracy"一词的共现词，我们就能发现，在制宪会议的笔记当中,"Democracy"一词经常与贬义词汇共现。由此,我们可以结合规范分析初步判断,制宪会议期间制宪者们对民主的态度基本倾向于不认可。此外,通过大数据文本分析的方式来分析《汉密尔顿全集》,同样发现汉密尔顿讲到民主的时候,与之共现的大多是贬义词,这也能说明汉密尔顿本人对民主所持的态度。我们可以进一步判断,汉密尔顿对民主的倾向是消极的负面态度。

(二)政治文化学的关系与结构

在政治文化的内在结构当中,政治认知、政治态度、政治价值和意识形态等各种要素之间互相影响,构成了政治文化的理论结构。从政治学的结构来看,政治文化与公共政策、政治制度、政治行为等要素互相影响,在治国理政中具有重要作用,这构成了政治文化的外在结构。厘清这些要素之间的关系,我们就能更好地理解政治文化的结构。

阿尔蒙德在提出政治文化概念之后进一步确定了政治文化的基本结构。阿尔蒙德的政治文化概念体现为三种形态:认知因素,指对政治系统、官员、输入和输出的知识和信仰;情感因素,指对政治系统人员和执行的情绪;评价因素,指对政治目标的判断和意见,[①] 从而以认知、情感和评价这三个基本要素确立了政治文化研究的框架,阿尔蒙德的这一理解代表了西方政治文化研究的主流。

人们也可以从不同角度对政治文化进行分析。"马克思主义理论研究和建设工程"重点教材《政治学概论》就是从政治心理、政治思想和政治价值观三个要素来界定政治文化的要素的。[②] 不同的理论家会从不同的角度对政治文化的要素进行区分。总的来看,对于政治文化包含的具体要素以及各种要素的概念,政治文化学还不能提供一个确定的内涵与外延。但也并不是完全没有共识。相对来看,从政治认知、政治态度、政治价值、意识

[①] [美]阿尔蒙德、维巴:《公民文化——五国的政治态度和民主》,马殿君等译,浙江人民出版社1989年版,第24页。

[②] 《政治学概论》编写组:《政治学概论》,高等教育出版社2020年版,第221—222页。

形态这四个要素来界定政治文化要素的共识较多，也有利于我们展开比较。[①] 更为重要的是，这四个要素之间的关系紧密，具备内在的逻辑一致性，将其纳入政治文化的结构当中，不仅结构严谨，而且也能发挥较好的分析意义。

政治认知是政治文化结构与过程的起点。作为一种心理过程，政治认知与普通认知一样，是主体对客体的认识过程。正是在这一过程的基础上，人们才会形成政治态度、政治价值和意识形态。人们不可能在完全缺乏认知的情况下形成积极或消极的政治态度，更不会形成政治价值和更高级的意识形态。但是，在现实政治文化过程中，政治态度与政治认知往往会复合在一起，在政治认知基础上形成的政治态度会影响人们进一步的政治认知，在进一步的政治认知当中，政治态度和政治认知的过程就混合在一起，难以截然分开。政治认知会直接受到政治态度的影响，这一进程就使得本来客观的政治认知过程带有很强的主观性。例如学术研究的"价值中立"，实际上是要求一种不受态度影响的知识探索，但实际上，这很难做到。

政治主体在政治认知过程中形成政治态度，政治态度的进一步发展形成政治价值，政治价值的系统化形成意识形态。这构成了一个循环往复的过程，也形成了一个彼此关联的要素结构。政治态度是在政治认知基础上形成的倾向。尽管政治价值与政治态度有着严格的区别，但实际上，两者之间的关系非常紧密。政治态度是对具体人、事与物的主观倾向，政治价值则是对抽象需要的主观倾向。两者之间的关系更加严密，政治态度会直接影响到政治价值。在政治文化形成的过程中，这一过程会伴随着具体的认知过程不断进行重复，人们对认知对象的概括也越来越抽象，越来越具有指导性，从而形成了价值评判。随着政治价值的不断积累，形成系统性的政治价值，就产生了意识形态。意识形态比政治价值要更加理论化和系统化。意识形态形成之后又会反过来影响政治价值、政治态度和政治认知，反向地形成一个循环。这就是政治文化的动态结构（如图1）。

---

① 佟德志主编：《比较政治文化导论》，高等教育出版社2011年版。

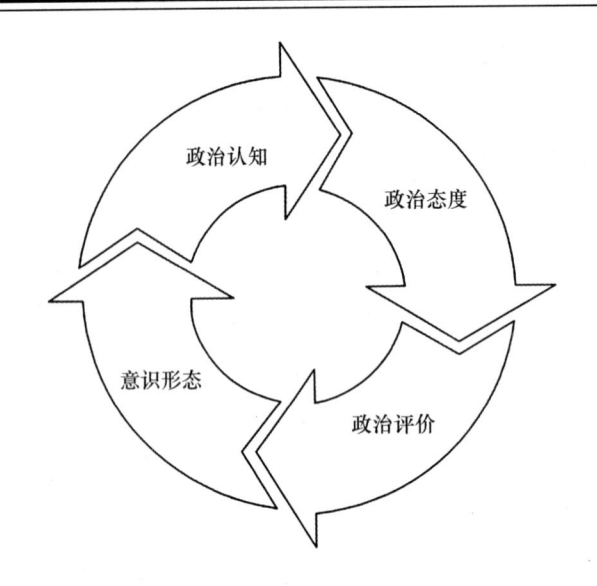

图 1 政治文化的动态结构

政治文化的这个循环过程，常常会形成一种闭环逻辑，即政治认知影响政治态度，政治态度会影响政治价值，政治价值会形成意识形态，而意识形态又会反过来影响政治认知。这一循环模型往往也会带来意识形态的一项难题，就是封闭性。在传播学领域常常被称为"信息茧房"（information cocoon）。[①] "信息茧房"是政治文化循环走向封闭的结果。比如，人们在政治文化的形成过程中形成了系统性的意识形态，这种意识形态直接影响了政治认知，会倾向于远离那些他不喜欢的政治信息，只接受他喜欢的政治信息，从而使得政治文化的循环不断强化，走向自我封闭。人们一旦陷入这种循环，往往难以自拔，甚至会作茧自缚，这也是意识形态封闭化或极化的"病征"所在。

政治文化不仅在各要素之间形成了良好的内在结构，还与政治实践形成了良好的外在结构。在整个政治学体系当中，政治文化有着重要的意义，不仅会直接影响到公共政策的制定，而且还会影响政治制度，甚至是治国理政的全局。正是在这个意义上，政治文化具有良好的分析价值，不仅能够用来分析公共政策、政治制度和治国理政，还能够在公共政策的制定、

---

① ［美］桑斯坦：《信息乌托邦：众人如何生产知识》，毕竟悦译，法律出版社 2008 年版。

政治体制的改革等政治实践当中得到充分的利用,从而更好地为治国理政服务。

政治文化会直接影响到公共政策的制定,这是政治文化外在结构的直接一环。公共政策是政府为了满足公共需求和实现公共利益分配而制定的政策,利益分析是其基础。但是,现代公共政策的制定越来越强调基于价值的政策制定。不仅如此,不同的政策制定者本身也会存在非常强的价值倾向,这就更使得政治文化在公共政策的制定过程中扮演重要的角色。以美国为例,增加公有住房和雇佣少数族裔这些政策背后都有着一个价值基础,就是要提升平等;禁止性暴露的影片、对艾滋病进行强制检测的背后是以道德、安全等价值为代价来限制个人自由。因此,公共政策背后都有着价值与价值选择。这些价值往往又是各种意识形态所主张和反对的,与意识形态有着系统性关联。一般而言,自由主义者和社群主义者都主张平等价值,因此,也会支持增加公有住房和雇佣少数族裔等政策。而自由至上主义者则反对限制个人自由,进而反对禁止性暴露的影片,反对强制检测艾滋病。

政治文化与政治制度之间发生互动,是政治文化外在结构的第二环。任何政治制度背后,都有着特定的价值、意识形态等政治文化的要素作为支撑,这可以解释为什么不同的国家会有不同的政治制度,即使是同样的政治制度,在不同的国家、不同的地区也会有差异化的制度绩效。如果说政治制度是政治系统的硬件环境的话,那么,政治文化则是使政治系统运转起来的软环境。这种外在结构能够解释政治系统的大部分内容,有着重要的意义。

政治文化会与政治行为形成互动,这是政治文化外在结构的第三环。在当时特朗普当选总统后,一般来讲会制定减税的政策,原因就在于共和党所信奉的是保守主义意识形态,在保守主义意识形态中,减税是重要的政策主张。而拜登上任后,我们也能够根据民主党的意识形态体系,即自由主义的理念来推断民主的治国理政行为。对于个体行为,政治文化也有着重要的作用。在美国东北部的新英格兰地区,形成了一种亲自由主义的文化,常常会成为民主党的票仓,这与这一地区人们形成的政治文化有着高度关联性。对选举而言,如果能够清楚特定选民的政治文化倾向,就能够有意识地形成相应的选举策略,来赢得选民支持,这也是政治文化的重要实践意义。

价值不仅是政策选择的基础,还可以成为治国理政的基础,这是政治文化最宽泛的外在结构。党提出的"人民对美好生活的向往,就是我们的奋斗目标"[1],就是以价值为基础确立的国家治理目标。人民对美好生活的向往,是一种价值的判断,而将人民对美好生活的向往作为奋斗目标,就是基于价值的治理。这意味着作为执政党的中国共产党在国家治理的过程中,无论是制度设计、政策选择,还是管理行为,都要以人民为中心,要以人民对美好生活的向往为目标。总之,中国共产党的领导要以人民对美好生活的向往为旨归,把有没有实现人民对美好生活的向往、如何实现人民对美好生活的向往,作为一切工作的出发点和落脚点。

政治文化与公共政策、政治制度、政治行为等各种政治要素之间的互动关系使得政治文化成为良好的政策分析工具。公共政策、政治制度、政治行为和政治文化之间的互动关系,可以让我们在已知其中一项的情况下对其他项进行预测。如果我们知道某候选人主张增加雇佣少数族裔,就可以推测他主张平等价值。在美国政治实践当中,民主党致力于推动医保改革,这也与民主党的自由主义意识形态高度相关。从文化的角度来看,政治制度、机制和政策都是基于价值观形成的,也会跟随价值观的变化而发生改变,如果价值观发生改变,政策没有进行相应的改进,政策就会落后。

三 政治文化学的分析范式

政治文化理论与方法的不断发展,形成了一系列有代表性的分析范式。在这些分析范式当中,系统论模型、合法性模型、文明论模型和价值论模型不仅形成了丰富的理论,而且也发展出了明确的方法,是其中具有典型性且影响较大的分析范式。

---

[1] 《习近平谈治国理政》,外文出版社2014年版,第3页。

(一) 系统论模型

系统论模型的代表性学者是阿尔蒙德,代表作是《公民文化——五国的政治态度和民主》。包括美国政治科学家伊斯顿和维巴等人在内的众多美国政治科学家对系统论的分析模型起到了重要的推动作用。所谓的系统论模型就是在政治系统分析的基础上通过分析公民在系统各要素上的政治倾向来研究政治文化,最典型的是阿尔蒙德在伊斯顿政治系统理论的基础上提出的公民文化理论。

美国政治科学家伊斯顿的政治系统理论为系统论模型的形成奠定了基础。伊斯顿认为一个政治系统类似于计算机的组成结构,有输入(input)、输出(output)和中间处理系统(central processing unit),实际上,伊斯顿就是把计算机这套架构应用于了政治学,归纳了政治系统的结构:政治系统处理输入(普通公民输入的要求或支持),在经由政治系统处理之后,形成的公共产品就是决策(包括各种各样的政策、决议、路线、方针、法律等),形成了政治系统的输出(如图2)。

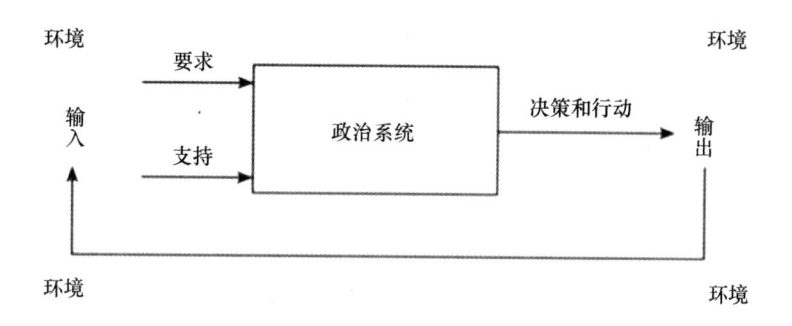

图2 伊斯顿的政治系统理论

在政治系统理论的基础上,阿尔蒙德在对五国政治文化进行调查的基础上提出了政治文化的类型学划分,这也成为他对政治文化理论最重要的贡献。他把政治体为四个部分:政治系统(国家)、输入系统(参与或提出意见)、输出系统(政策或者法律法规)以及对自身的认知。阿尔蒙德把这四项内容用"有"和"无"来分类,得出了三种类型的政治文化。

表 1　　　　　　　　　阿尔蒙德的三种类型政治文化

类型	系统认知	输入认知	输出认知	自身认知
地域型文化	0	0	0	0
臣民型文化	1	0	1	0
参与型文化	1	1	1	1

第一种是地域型文化（parochial culture），即对政治体系的各方面均认知很少，就相当于在四个维度上都是"0"。也就是说，公民不仅对政治系统所知甚少，对自己在政治系统中的作用也基本上没有认识。他们不仅不参与政治，甚至对国家政治都很少服从，完全置身于政治之外。根据阿尔蒙德对五个国家政治文化的调查，在现代社会中，地域型文化依然存在，但是数量很少，是一种非常罕见的政治文化。

第二种是臣民型文化（subject culture），即对政治体系施加于他们生活的影响有所认识但却不能够积极影响政府行动。例如，他们对政治系统和国家有认识，知道要遵守国家的法律法规、政策和路线，但是他们对自己作为参与者的这种角色没有认识，也不想参与政治。类似于《曹刿论战》中提到的"肉食者谋之，又何间焉？"，这就是一种典型的臣民文化，将政治的决策参与寄托于精英，不参与政治，甚至是远离政治，是其典型表现。现代社会的形成，就是臣民型文化逐渐发生转化，形成参与型文化的过程。

第三种是参与型文化（participant culture），即指公民对政治过程有一定的认识，并能够利用各种参与途径积极影响政治事务的一种现代政治文化。参与型文化的形成意味着公民对自己、对国家，以及对国家的法律、法规和政策都有着清醒的认识，能够理解自身在政治系统中的位置，并能够运用自己的公民身份参与政治，是一种现代形态的政治文化。阿尔蒙德认为，参与型政治文化是公民文化的典型形态，公民文化就是以参与型文化占据了主流地位的政治文化。

阿尔蒙德提出的这三种类型的政治文化既是政治文化的重要理论，也是我们分析政治文化的重要方法，对于分析现代社会政治文化的构成及其发展趋势也有所助益。我们可以以系统论的模型为底色，进而制作更为丰富的量表，用以衡量各种类型的政治文化，不仅可以描述政治文化的样式，还可以观察政治文化的作用及其规律。

阿尔蒙德还提出了政治文化评价表（如表2）。这一理论展示了认知、态度和评价与忠诚、冷漠和异化这几种态度之间的关系。例如，一个人如果对政治系统、对整个国家或者制度采取一种异化的态度，表现为事不关己、高高挂起，甚至有逆反心理，这并不意味着他缺乏对政治系统的认知，而是他采取了负面的态度和评价，在这种情形下，这个公民很可能就从政治系统里面异化出来，结果导致他与政治系统的分离，进而采取一系列反对或背叛等行为。而与之相对的就是忠诚，忠诚在认知、态度和评价这几个维度都是肯定的和积极的。还有一种就是冷漠的，可能有认知，但是不表明态度，也不会进行评价。阿尔蒙德把政治文化这种分析方法用于对政治体系的分析，按照认知、态度和评价三个维度进行组合分析，解释了忠诚、冷漠和异化三种情形，产生了十分清晰的结果。

表2　　　　　　　　　　阿尔蒙德的政治文化评价表

	忠诚	冷漠	异化
认知	+	+	+
态度	+	0	−
评价	+	0	−

（二）合法性模型

合法性模型就是从统治合法性的角度分析服从与认同的政治文化机制，主要包括以韦伯为代表的统治模型和以哈贝马斯为代表的认同模型。合法性模型被广泛地运用于现代公民对国家的认同、党员对政党的认同当中，有着非常广泛的应用。

合法性模型主要源于韦伯对权威的认识和分类。在韦伯看来，所谓的统治就是"在一个可能标明的人的群体里，让具体的（或者：一切的）命令得到服从的机会"[①]。按照韦伯的理论，A作用于B的时候，如果B接受了A的作用，就构成了"统治者和被统治者"的关系。就权威这一概念而言，恩格斯认为"权威是A作用于B"这样的一个结果，如果"A作用于B有结果"，并且这个结果达到了A满意的程度，那么这一权威就可以被称为权力。反之，如果A不能影响B，那A对B就没有权力。统治与服从关系的形成，起到重要作用的是合法性，即B是不是认可A。韦伯进一步分析了B是怎么服从A的统治的，是何种因素让B服从A的统治。在统治与服从的基础上，韦伯将合法性统治分为三种纯粹类型，即法理型统治、传统型统治和魅力型统治。其基本的区别如表3所示。

表3　　　　　　　韦伯的合法性统治模式

类型	合法性的来源	特性	范例
法理型统治	合理的制度、规则、程序	法治性、制度性	现代官僚制
传统型统治	遗传下来的制度和统治权力的神圣	任意性	世袭君主制苏丹制度
魅力型统治	个人能力	非理性、革命性	革命领袖

第一种统治类型是法理型统治，其合法性的来源是法理型的权威，"建立在相信统治者的章程所规定的制度和指令权力的合法性之上，他们是合法授命进行统治的"[②]。法理型统治是现代政治运行的基本样式，即通过法理的确认获得权威的合法性。在法理型权威的统治当中，法律、法规、规则得以普遍的运用，成为统治的基础，职务工作"至少是一切专门化的职务工作"，而且，官员职务的执行是根据一般的、或多或少固定的、

[①] ［德］马克斯·韦伯：《韦伯文集》（下），韩水法编，中国广播电视出版社2000年版，第211页。
[②] ［德］马克斯·韦伯：《韦伯文集》（下），韩水法编，中国广播电视出版社2000年版，第215页。

或多或少详尽说明的、可以学会的规则进行的。①传统社会向现代社会的转变，使得军人政权、君主制面临着合法性危机，根本原因就在于政治统治的权威发生了变化，民众更认可现代民主制度下的法理型权威。

第二种统治类型是传统型统治，其合法性来源于传统，"建立在一般的相信历来适用的传统的神圣性和由传统授命实施权威的统治者的合法性之上"②。传统型统治建立的基础是传统型政治文化，其合法性来自继承来的权力地位、传承下来的制度，甚至是习俗、习惯等。比如，在君主制社会，君主的权威来自他的父亲，人们将父子之间的传承关系视为君主权力合法性的基础。如果有人打破这种传承成为君主，即使他是有才能的，也会受到指责。

第三种统治类型是魅力型统治，其合法性来源于魅力。这一类型的合法性建立在"非凡地献身于一个人以及由他所默示和创立的制度的神圣性，或者英雄气概，或者楷模样板之上"③。通常也音译为"卡理斯玛式权威"（charismatic authority），常常是领袖依靠个人的政治能力建立起来的一种合法性形式。在这种合法性当中，权威来自领袖或者统治者个人的传奇色彩，这深深地吸引了一些人。

尽管韦伯并未从政治科学角度来研究政治文化，但也启发了后来的很多学者，进一步从合法性的角度来研究政治文化，其中较为典型的就是德国政治哲学家哈贝马斯，他从民主共识的角度提出了认同合法性模型。哈贝马斯提出了民主共识的理论，将其分为以下几种模型。

第一类型是同化共识（identification consensus）。同化共识意味着A与B若要达成共识，要么A被B吞并，要么B被A吞并。美国要求那些规化入美国籍的公民必须承认美国宪法，就是一种同化共识。人们把美国社会比作"熔炉"，其意指加入美国社会、成为美国公民的人要与美国文化融合在一起。从合法性这个角度来看，同化共识在现实中会给个体带来很多问题，过

---

① ［德］马克斯·韦伯：《韦伯文集》（下），韩水法编，中国广播电视出版社2000年版，第324—325页。
② ［德］马克斯·韦伯：《韦伯文集》（下），韩水法编，中国广播电视出版社2000年版，第215页。
③ ［德］马克斯·韦伯：《韦伯文集》（下），韩水法编，中国广播电视出版社2000年版，第215页。

分地强调某一种同化,尤其是在文化领域、精神领域和政治文化领域,可能会导致"被同化人"的逆反心理。

第二种类型是交叠共识（overlapping consensus）。主张交叠共识的最有代表性的学者是罗尔斯。在罗尔斯看来,A 与 B 若想达成共识,需要找到 A 与 B 重合的部分,这个重合部分就是 A 与 B 的共识。交叠共识是在 A 与 B 相互独立的基础上,找到它们交集的部分,形成合力,其既比 A 的力量大,也比 B 的力量大。这个过程有点类似共同利益形成的过程,只不过共同利益注重的是物质,交叠共识更注重态度。

第三种类型是协商共识（deliberative consensus）。同化共识和交叠共识都有一个共同的问题,就是没有学习的过程,也就是 A 与 B 相互之间并不了解,仅仅简单地进行同化或找寻交集。哈贝马斯将协商过程引入了共识理论模型中,提出了协商共识。协商共识对达成什么样的共识不感兴趣,它强调的是两个主体之间的交流,在进行交流之后,增进相互了解,进而达成共识。但这也存在着各种可能,比如,经过交流,人们之间的共识一般会增加,但也会出现共识减少的情况。不管哪种情况,协商共识强调了主体之间的交流、理解,使得共识的达成更为理性。

(三) 文明论模型

文明论模型是以国家为分析单位,通过分析国家在文明中的同质关系来理解国际政治而形成的政治文化分析模型。文明论模型的代表性学者就是美国政治学家亨廷顿,其代表作是《文明的冲突与世界秩序的重建》。在这种模型当中,亨廷顿将世界范围内的文明归结为六个主要的类型,并且分析了文明冲突的原因、表现,尤其是其对世界秩序的影响。除亨廷顿外,还有一些历史学家提出了文明论的理论与方法,例如阿诺德·汤因比（Arnold Toynbee）和奥斯瓦尔德·斯宾格勒（Oswald Spengler）等人。

文明论模型源于"冷战"时期意识形态的斗争。一般认为,"冷战"源于第二次世界大战后英国首相约翰·丘吉尔的一次演说。在这个演说当中,他明确指出,从波罗的海的什切青到亚得里亚海的里雅斯特,一幅横贯欧洲大陆的铁幕已经降落下来。这就是著名的"铁幕"演说,标志着"冷战"的开始。"铁幕"是以意识形态划界的：一端是西方世界，另一端是东方世界；一端是资本主义国家，另一端是社会主义国家。"铁幕"演说强调了意识形态，是文明论模型的早期分析范式。

文明论模型中最经典的就是亨廷顿提出的文明冲突论。亨廷顿在《外交杂志》（*Foreign Affairs*）上发表了《文明的冲突？》一文。① 后来，他又将这篇论文扩展为一本书——《文明的冲突与世界秩序的重建》②。一方面，亨廷顿将世界上的文明分成了几大类：以欧洲和北美为代表的西方文明、以苏联和前南斯拉夫为代表的东正教文明、以北非和中东为代表的伊斯兰文明、撒哈拉以南的非洲文明、拉丁美洲的拉美文明、中华文明、日本文明和印度文明等；另一方面，亨廷顿将这种文明的划分直接同政治，尤其是国际政治联系在一起，认为以文明为基础的世界秩序正在出现。他指出："文化类同的社会彼此合作；从一个文明转变为另一个文明的努力没有获得成功；各国围绕着它们文明的领导国家或核心国家来划分自己的归属。"③

亨廷顿对文明进行了板块式的划分，并用文明板块来解释世界范围内的冲突，这就是文明冲突论的核心内涵。在亨廷顿看来，不同文明之间就像大陆之间的板块一样，连接的部分是非常不稳定的，可能会爆发冲突甚至是武装冲突。比如，他由此推断，西方文明与伊斯兰文明之间会发生冲突。④ "9·11"事件发生之后，这一观点更是引发了全世界的关注，《文明的冲突与世界秩序的重建》一时洛阳纸贵，影响非常之大。

亨廷顿的文明冲突论在研究方法上存在着严重缺陷，被后来的研究者所诟病。亨廷顿在定量分析方面并不是很规范，其著作基本都是用摆事实、讲道理的方式来展开论述，虽然也列举了很多数据，但这些数据

---

① Samuel Huntington, "The Clash of Civilizations?", *Foreign Affairs*, Vol. 72, No. 3, 1993, pp. 22–49.
② Samuel Huntington, *The Clash of Civilizations and the Remaking of World Order*, Simon & Schuster, 2011. 该书最新的中文译本参见［美］塞缪尔·亨廷顿《文明的冲突与世界秩序的重建》，周琪等译，新华出版社2018年版。
③ ［美］塞缪尔·亨廷顿：《文明的冲突与世界秩序的重建》，周琪等译，新华出版社2002年版，第31页。
④ ［美］塞缪尔·亨廷顿：《文明的冲突与世界秩序的重建》，周琪等译，新华出版社2002年版，第5页。

并非规范的定量研究,甚至不是可信的统计数据。在后期的发展过程中,亨廷顿的这种研究方法越来越难以符合美国政治科学研究的量化潮流。尽管如此,亨廷顿的文明冲突论确为后续的文明论分析模型发展奠定了基础。

亨廷顿的观点带有很强的争议性,引起了激烈的争论。英格尔哈特等人使用1995—2001年世界价值观调查的数据证实,亨廷顿提出了文明要素确实很重要,宗教遗产在当代价值观上留下了独特的印记。但亨廷顿认为西方和伊斯兰世界之间的核心冲突与民主有关,这一点却是错误的,因为有证据表明两者所持有的政治价值观有着惊人的相似之处。无论是西方文明,还是伊斯兰文明,在民主绩效、民主理想、认可强势领袖和宗教领袖等指标上,都是趋同的,差距不大。西方文明和伊斯兰文明之间的文化断层线,主要涉及性别平等和性自由化等社会问题。[1]

英格尔哈特等认为,西方文明和伊斯兰文明的冲突并非政治性的,而是宗教性的。在宗教领袖方面,西方文明和伊斯兰文明之间的认可度差距较大,进而在性别平等、离婚、堕胎等议题上也存在着巨大的差距。伊斯兰文明在同性恋、堕胎、离婚、性别平等议题上基本持否定态度,而西方文明主张文化多元主义,在这些主题上认可大于否定。文化领域的冲突难以在短时间之内通过经济和政治等方式进行拉平,否则会形成强烈反弹。[2] 英格尔哈特等的这一理论解释了美国在阿富汗战争中的失败,同时也修正和发展了亨廷顿的文明冲突理论。

应该说,如果从文明的角度来看待政治文化,将政治文化作为文明差异的一个重要分支的话,比较政治文化研究的经典当然离不开奎格利、汤因比、斯宾格勒、麦克尼尔等人。汤因比列举了20多个文明,而斯宾格勒则详述了8个文明。实际上,这些文明和文化的核心均离不开对政治文化维度的区分,即通过比较政治主体对政治体系的主观态度而区别不同的文化或文明。实际上,亨廷顿是直接将文明与文化等同。

---

[1] Ronald Inglehart, Pippa Norris, "The True Clash of Civilizations", *Foreign Policy*, No. 135, 2003, p. 62.
[2] Ronald Inglehart, Pippa Norris, "The True Clash of Civilizations", *Foreign Policy*, No. 135, 2003, p. 62.

(四) 价值论模型

价值论模型是以价值分析为手段，运用大量价值观调查的数据来分析政治文化的一种模型。价值论模型是当前政治文化研究领域最为流行的分析模型，代表性学者是美国政治学家英格尔哈特，最典型的代表作是由英格尔哈特与克里斯汀·威泽尔（Christian Welzel）合著的《现代化、文化变迁与民主》，该书基于全球价值观调查的数据，在现代化理论中加入了文化变迁这一变量，成为政治文化研究的经典之作。[①] 在理性选择理论的影响下，政治文化研究曾经一度陷入困境，正是英格尔哈特把政治文化研究从这种困境当中拯救出来，他通过世界价值观调查使政治文化的研究重新焕发了生机。

世界价值观调查是严格按照当代政治科学的规范进行的，不仅涉及的问题非常全面，而且覆盖了全球大部分国家。它通过问卷调查的形式从不同角度设问，反映出政治文化的特定方面，并且运用了规范的量化分析方法来进行研究，例如聚类、趋势分析、描述性分析等。同时我们也可以通过一些例证，从具体维度上来了解世界价值观调查和基于价值的政治文化分析模型。

英格尔哈特将人类价值观分为传统价值观、世俗理性价值观、生存价值观和自我表达价值观这四个维度，这四个维度又在两个方向上排列，构成了衡量世界价值观的纵横坐标。根据这两个主要的跨文化变量维度以及在世界价值观调查中得出的数据，英格尔哈特和威泽尔绘制了"英格尔哈特—威泽尔世界文化地图"（Inglehart-Welzel Cultural Map of the World），将全球范围内的国家划分为八类，分别是非洲文化、拉丁美洲文化、南亚文化、英语国家文化、欧洲天主教文化、前共产主义文化、欧洲清教文化和儒家文化。其最新版的文化地图如图3所示。

"传统—世俗理性"维度价值观反映的是不同社会群体间对宗教发展程

[①] Ronald Inglehart, Christian Welzel, *Modernization, Cultural Change and Democracy*, New York: Cambridge University Press, 2005.

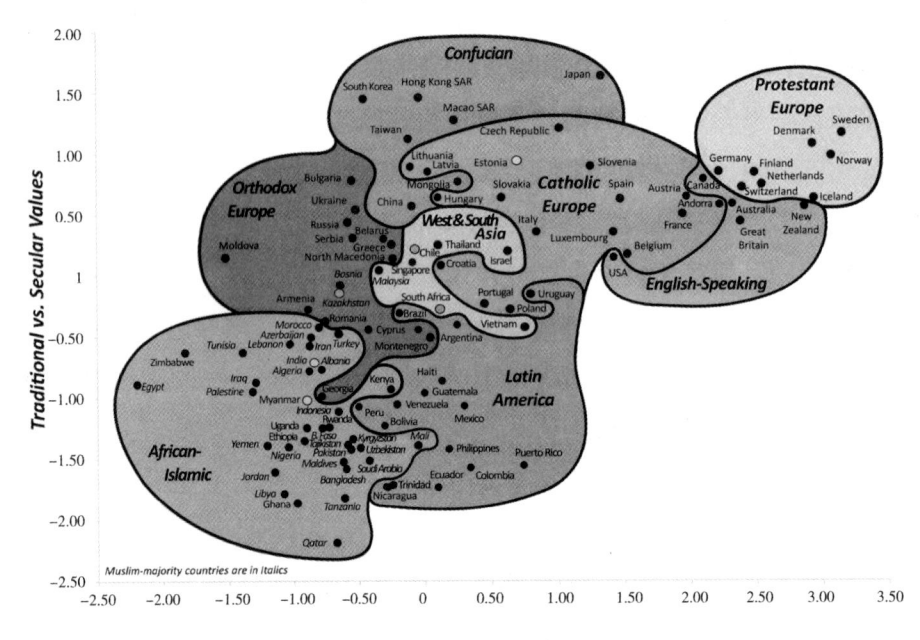

图3 世界价值观地图①

资料来源："World Values Survey & European Values Study（2005-2022）"，www.worldvaluessurvey.org，https://europeanvaluesstudy.en/

度认识的差异。传统的价值观认为上帝很重要、对儿童而言学习服从宗教信仰比独立和自决更重要、堕胎没有任何合理性、回答者对国家有很强的自豪感或者回答者更尊重权威等。世俗理性的价值观所强调的刚好相反。在另一个维度（生存—自我表现维度），随着社会的发展，价值观倾向于从"生存意识"向"自我表达"转变。②认可生存价值观的回答者对经济的考虑更多，认为自己并不是非常幸福、同性恋没有任何合理性、没有也不会签署请愿书、信任别人时特别小心。简言之，认可生存价值观的回答者越看重物质，认可自我表现价值观的回答者就更注重精神领域，关注环境保护、性别平等和文化宽容等议题。

---

① "The Inglehart-Welzel World Cultural Map-World Values Survey 7（2022）"，Source：https://www.worldvaluessurvey.org/WVSContents.jsp.

② Ronald Inglehart and W. E. Baker, "Modernization, Cultural Change, and the Persistence of Traditional Values", *American Sociological Review*, 2000, pp. 45-65.

表 4　　　　　　　　　跨文化变量的两个维度①

价值观的维度与问题	因子负荷量
传统的价值观强调以下内容（世俗理性的价值观强调了其反面）：	
上帝在回答者的生命中很重要；	0.70
对于儿童来讲，学习服从宗教信仰比独立和自决更重要（自治指数）；	0.61
堕胎没有任何合理性；	0.61
回答者对国家有很强的自豪感；	0.60
回答者更尊重权威	0.51
生存价值观强调以下内容（自我表现价值观强调了其反面）：	
回答者对经济和物质安全给予优先考虑，而不是自我表现和生活的质量（4项物质和后物质主义价值指数）；	0.59
回答者认为自己并不是非常幸福；	0.59
同性恋没有任何合理性；	0.58
回答者没有也不会签署请愿书；	0.54
信任别人时特别小心	0.44

基于生存价值观和自我表现价值观的变迁，英格尔哈特等修正了线性民主理论。线性民主理论认为经济发展最终导致了政治变迁，即经济越发展，民主越有可能发生。英格尔哈特等的研究打破了这种直线思维方式，他认为民主化的过程不是直线的和线性的，其中有一个新的变量就是文化变迁，经济越发展，生存价值观逐渐转向了自我表现的价值观，而这种价值观或者文化领域的变迁最终影响了政治系统的变迁，由此民主才得以产生，换言之，经济只影响了民主的一部分，经济还会影响到文化的一部分，进而再影响政治系统的变迁，这一观点相较于政治现代化模型更具有解释力。

世界价值观调查通过量化分析，能够从宏观层面反映特定国家和地区的政治文化特征。根据问卷中设计的问题，可以描绘出各个国家对不同价值的珍视程度。比如，西班牙人对自由和平等重要性的认识差不多，俄罗斯人更倾向于平等而非自由，而日本人更倾向于自由而不是平等。像俄罗斯和西班牙这样的国家，自由和平等在政治文化中的权重差异并不大，但是，在美国

---

① "The Inglehart-Welzel World Cultural Map-World Values Survey 7（2022）", Source：https：//www.worldvaluessurvey.org/WVSContents.jsp.

政治文化中，自由和平等之间的权重差异十分突出，有71%的人倾向于自由而非平等，这也证明了美国政治文化中对自由的强调。包括中国在内的一些亚洲国家对平等更加重视。公民对不同价值的偏好会直接影响公共政策的制定和执行。

英格尔哈特等运用价值论的分析方法，静态地描述价值论的结构，动态地发现价值观变化的趋势，进行了历时性的分析。与亨廷顿文明论的分析方法相比，英格尔哈特等的研究更加重视数据导向，也更加科学。英格尔哈特等并非按照国界来划分文明的类型，而是严格地按照世界价值观调查的数据。英格尔哈特等根据1981—2015年世界价值观调查的数据绘制了动态的文化地图，反映了世界价值观的变迁及其规律。总地来看，人类价值观变化的总的方向是由传统价值观向世俗理性的价值观转换，由生存价值观向自我表现价值观转换。

四　结论与讨论

我们看到，第二次世界大战以来，政治文化的研究不断丰富，使得政治文化在理论和方法方面都得到了不断的发展，理论体系越来越完整，研究方法也越来越丰富。同时，政治文化的研究在中国也越来越发展，对于丰富中国政治学研究有着重要的意义。从理论发展角度来看，战后美国政治科学行为主义的兴起使西方政治文化学进入了繁荣发展阶段。在国内政治学恢复重建时期，政治文化研究也不断发展壮大，在中国政治文化、外国政治文化和比较政治文化研究领域逐渐发展成熟。从理论体系角度来看，政治文化由政治认知、政治态度、政治价值和意识形态四个要素构成，并且构成了循环上升、互相影响的理论结构，对于分析政治行为和公共政策具有重要的意义。系统论模型、合法性模型、文明论模型和价值论模型等政治文化分析范式，既包括了丰富的理论，同时也是政治文化研究方法论不断深入的标志。

政治文化的现象，是人类政治生活中非常重要的政治现象，对于我们认识政治、分析政治，进而改进政治生活有着非常重要的意义。以上对于政治文化的研究并没有穷尽政治文化的研究，而是为政治文化研究的创新提供了理论基础。西方政治文化的研究逐渐由规范研究发展到实证研究,为认识政治生活中人们的主观倾向提供了更为丰富的理论与方法,但也存在着各种各样的问题。比如,英格尔哈特的价值论模型在政治科学的意义上已经发展得非常完善了,但是人类政治文化现象非常复杂,同样的问题,在不同的国家对于不同的回答者就会有不同的意义,很难加以统一的比较。人类的文化现象,包括政治文化现象非常复杂,是政治学领域最难以研究的内容。这既是政治文化研究的困难所在,也是政治文化研究理论创新的空间。

之前在党的文件和国家领导人的论述中,并没有使用过"政治文化"这一语语。第一次使用"政治文化"这一概念的,是习近平总书记在提到政治生态建设的时候,强调了党内政治文化建设:"党内政治生活、政治生态、政治文化是相辅相成的,政治文化是政治生活的灵魂,对政治生态具有潜移默化的影响。"[1] 这也使得中国政治学界对党内政治文化的研究得以深入。在党的十九大报告中,习近平总书记从全面从严治党的角度再次提及"政治文化":"坚持民主集中制,严肃党内政治生活,严明党的纪律,强化党内监督,发展积极健康的党内政治文化,全国净化党内政治生态,坚决纠正各种不正之风,以零容忍态度惩治腐败,不断增强党自我净化、自我完善、自我革新、自我提高的能力,始终保持党同人民群众的血肉联系。"[2] 这也是"政治文化"第一次写进党的重要文献,其确立了"政治文化"这一概念在中国政治生活中的实践意义,必将带动政治文化研究的进一步繁荣。

政治文化的研究传入中国后,逐渐实现了中国化,在中国传统政治文化、西方政治文化、中西政治文化比较等各个方面实现了中国化,并在政治分析当中起到了重要作用。政治文化由政治认知、政治态度、政治价值和意识形态四个要素构成,要素间互相影响,形成了政治文化的内在结构。同时,政治文化还与公共政策、政治制度、政治行为等要素互相影响,形成了政治文化的外在结构。在政治文化学的发展过程中,形成了一系列兼具理论与方法的分析范式。这主要包括以阿尔蒙德为代表的系统论模型、以韦伯为代表的

---

[1] 《习近平谈治国理政》第2卷,外文出版社2017年版,第181页。
[2] 《习近平谈治国理政》第3卷,外文出版社2020年版,第20—21页。

合法性模型、以亨廷顿为代表的文明论模型和以英格尔哈特为代表的价值论模型，它们是政治文化学分析范式的代表。政治文化学的研究有着重要的意义和价值，是中国政治学"新五论"研究的典型，因此需要推动中国政治文化学的研究。

大家专访

扎根田野，耕耘一流政治学研究*
——专访著名政治学学者徐勇教授

编者按：改革开放以来，国内政治学学者植根中华大地，走过了筚路蓝缕的时代，使得政治学研究取得了极大进步。然而，形成一个有生命力和话语影响力的强劲学科依然需要一代又一代政治学学者持续耕耘，后辈需要努力的方面可谓其多。徐勇教授是我国著名政治学家，教育部"长江学者"特聘教授，也是我国农村村民自治和城市社区自治研究的开拓者之一。从教三十余年来，徐勇教授产出了一大批高质量的学术成果，培养了大批优秀政治学人才。本期专访中，徐勇教授结合自身丰富的政治学研究与治学经验，向我们展现了属于中国政治学学者的担当与情怀。

政治学人：尊敬的徐教授，您好！感谢您抽出宝贵的时间接受"政治学人"平台的专访。作为华中师范大学"土生土长"的政治学科班出身学者，驱使您走上政治学研究道路的初衷是什么呢？

徐勇：对于40年前入校的一代学人来说，从事某个专业的研究是没有选择的，也是没有自觉意识的。我入校时，党的十一届三中全会还没有召开，阶级斗争为纲的路线仍然在延续，阶级斗争就是政治。因此，考大学时我报的专业是中文和历史，只是后来录取时将我录取到政治教育专业。师范大学主要是培养老师，政治教育专业涉及的课程内容面较宽，专业深度不够，这

---

* 本文源于"政治学人"公众号在2019年2月1日对徐勇教授所进行的专访，由"政治学人"公众号团队成员刘洋采编。

也比较适合我们这样的学生的需要。我上大学之前当了五年农民和三年工人，没有接受过中学教育。考大学纯粹是应急，学习目的性很强，知识面也有限。上大学后，开的课多，特别是有专门的时间读书，知识面迅速扩大。

读了两年书后，我就不满足于被动地读书了，有了表达的冲动。当时，解放思想的浪潮涌动，整个社会空前活跃，是激情燃烧的岁月。大三时，我开始写作和发表思想性和学术性论文，整天陷入读书、思考和写作之中，对于其他事务没有太多考虑。我们大学毕业由国家包分配，1982年，1977级春季分配，可能是国家计划来不及，我们一直到假期后才被分配。假期前，我已将行李全部搬运回老家，准备回老家当一名中学老师，只是到了假期后宣布分配结果，才知已留校工作。这可能与我之前有点写作基础有关吧！

我大学毕业后留校并不是当专业老师，而是在刚成立的科学社会主义研究所做事务工作。我们学校的科学社会主义专业起步较早，是全国最早的硕士点和博士点之一，连复旦大学的科学社会主义专业研究生都还要到我们学校授予学位。在这样一个重要单位，我作为最年轻的人员，承担了大量行政杂务工作，特别是负责图书资料的整理工作，所里的第一张图书卡片就是我做的。当资料员的最大好处就是可以阅读大量资料文献。

在研究所工作，必然会协助做一些研究工作。当时，我们研究所的主体是科学社会主义专业，同时也从事政治学专业的相关研究。当时的科学社会主义与政治学专业没有严格的区分，我同时参加两个专业的研究工作，主要是承担一些基础性事务。记得《中国大百科全书》的政治学卷曾在我们学校讨论修订，我承担了会务工作。

大学毕业留校两年后我在职攻读硕士研究生，有了更多的专业学习时间。到20世纪90年代初，因为承担教育部青年基金项目等原因，我在专业领域方面更多地向政治学专业转变，主要从事农村基层治理研究。随着我国学科建设的发展，专业分化日益强化，科学社会主义与政治学尽管都同属于政治学一级学科，但学科边界已有所分化，后者通常被称为"小政治学"。我于20世纪90年代中期就读在职博士研究生，专业仍然是科学社会主义，导师也仍然是李会滨教授。但因为从事农村基层治理研究，我的研究领域越来越向"小政治学"倾斜，好在李会滨老师非常宽容，尊重我的选择。所以，我们从事政治学研究是不由自主的,这也是我们这一代人的共同特点,都不是严格的政治学科班出身。

政治学人: 改革开放后经过40年来的发展,您觉得中国政治学研究做出了哪些成绩与贡献?未来还应当在哪些方面进一步努力?

徐勇: 改革开放以来的中国政治学所取得的成就无论怎么样说大,都不过分;改革开放以来的中国政治学还需要努力的空间无论怎么样说大,也不过分。40年来,中国的政治学发展经历了三个阶段:从无到有、从小到大,正在进入一个从大到强的阶段。

(1) 20世纪80年代,政治学恢复重建,主要是打基础,包括编写政治学教材、政治学辞典。

(2) 20世纪90年代,随着全国设立专门的教学和研究机构,设立专门的学位点,政治学的学科体系日益完善。

(3) 进入21世纪,中国的政治学进入到一个由小到大且迅速发展的阶段。2000年,北京大学、复旦大学、中国人民大学、华中师范大学四所大学率先成为全国第一批政治学一级学科博士硕士授权单位。自此到如今,全国已有近三十家政治学一级学科博士授权单位,硕士授权单位更多。与此同时,各个学校的政治学在发展中也逐渐形成自己的特色和优势。

经历40年来的发展,中国的政治学无论在科学研究、人才培养、文明传承和资政服务方面都取得了突出的成就。当下,中国的政治学进入一个由大到强的转变。政治学过往主要是引进、吸收,但还未来得及充分消化,特别是在独创性方面还有相当长的路要走。40年来的中国政治提供了前所未有的丰富实践,但还没有产生与伟大实践相匹配的伟大理论成果;在政治学议程、话语体系等方面还缺乏自主性和创造性;还没有提出和创造能够广泛影响和引领世界的政治学标志性概念和原创性理论等。

政治学人: 作为全国首批文科"长江学者"特聘教授,可以说您开辟了一个研究领域,率先将实证调查方法引入政治学领域并形成了一个有特色的团队。关于研究方法的争论在学术界一直是悬而未决的问题,在您的研究生涯中，您对研究方法的理解和态度是怎么样的？

徐勇：我以为研究方法是"有法而无法"。

一是"有法"，研究是有方法的。方法是工具，只有好的工具才能产生好的结果，要避免方法虚无主义。我们这个团队是从政治学的角度研究农村问题的。政治学的传统研究对象是整体国家，传统方法主要是规范方法，传统资料来源主要是文件文献。而在研究基层和农村问题时，传统方法就不够了，就需要运用实证调查方法，获得第一手资料。只有在方法上有所突破才能取得相应的研究成果。

二是"法无定法"，方法服从研究目的。政治现象纷繁复杂，"方法工具箱"里应该有多种方法才能更好地从多个面向去理解、分析和解决问题，如社会学的问卷方法、人类学的扎根调查方法都有助于政治学研究。

三是避免"方法异化"。方法再好终究只是工具，工具是为解决问题服务的，服从于人的需要。但在相当长的时间里，为了追求诸如自然科学一样的精确性，过分看重方法，甚至陷入为了方法而方法的"方法异化"。记得20世纪80年代，美国著名政治学学者阿尔蒙德到我们学校讲学，黑板上几乎全部是数字符号公式，让人不得要领。当下，中国的政治学也有这样的倾向，过度关注大数据，而缺乏问题感。

对于学术研究来讲，首先是要有个好问题，然后是有个好方法，最后是要有个好观点。

政治学人：2018年是中国改革开放四十周年，艰苦卓绝的时代已成记忆。您如何看待在过去的40年时间里中国乡村治理的变化？在您的判断中，您觉得就解决中国"三农"问题而言，当下的着力点应该在哪些方面？

徐勇：在过去的40年时间里，中国的乡村治理主要是适应性变化，即适应中国的现代化进程。期间，乡村治理承受着巨大的压力，特别是在20世纪90年代，农民负担沉重，时任总理朱镕基同志称为"民怨沸腾"。乡村治理为了稳定农村，承受了极大压力。许多创新之举可谓生不逢时，未能延续，如村民自治因为外部环境压力而难以按照自治的逻辑运行，村委会不得不行政化。

如今，现代化由初中期进入中后期，乡村治理的外部环境发生了很大变化，但要求更高。如果说美国是在没有传统农民的空地上进行现代化起步的，那么，我国则是在一个有着世界最多农民的古老国度里从事现代化建设的。进入现代化中后期以来，农业和农村的短板更为突出，农业产值下降到个位数，但农民仍然是巨大的群体。这是现代化进入中后期中国面临的重大国情，也是由中国的传统底色决定的。所以，在现代化中后期，研究解决"三农"问题之道：一是要更好把握中国的基本底色，知道自己从哪里出发；二是要看清世界发展的趋势，确立好前进的坐标；三是要寻找中国农村发展的道路，因时因地选择合适的方式。

政治学人：华中师范大学从20世纪80年代开始就致力于中国农村问题的研究，并取得累累硕果，目前中国农村研究院已经成为国内农村问题研究领域的领跑者。您能否为我们分享您坚持农村问题研究的初心和理由？我们如何在对基层的研究中更好地了解关乎国家的政治学？

徐勇：人的意识往往是经由不自觉到自觉的过程。最开始做农村研究，只是因为外部环境的影响。20世纪80年代正是我国农村改革如火如荼的岁月，农村基层正在发生迅速的变化。我1986年申报的首批教育部青年基金项目便是"我国城乡基层政治发展研究"。随后，我开始了理论的自觉，其标志就是1991年我在《社会科学报》发表了一篇文章，题目是《重心下沉：90年代学术新趋向》。文章反思了20世纪80年代的学术不足，提出了学术重心问题。文章指出："80年代正处于传统与未来的交汇处，对历史的轻率否定和对未来的超前追求常常将人们的思维定位于'应该怎样'的价值判断层面。这种'应该怎样'的理想主义倾向能激起人们的热情，却也容易滑向大而不当、脱离客观实际的思维误区。随着社会思维从亢奋趋于冷静，思维方式开始从简单的定论'应该怎样'转向重视'是怎样'。""进入90年代，随着对外来文化的从容分析吸收，人们力图运用新的文化思维观照、透视本国的实际情况，特别是制约社会发展的基层社会，以求得对社会的深刻理解。"我的这篇文章是有针对性的。因为20世纪80年代学术界的注意力主要集中于国家上层，关注的是上层变革，注重的是上层变革的走向与路径，而正在发生深刻变化的基层,特别是农村田野却是学界的盲区。

上层建筑的变动进一步促进我的学术反思。1992年我出版了《非均衡的中国政治:城市与乡村比较》一书。在书的开头,我在引述马克思关于东方社会的论断之后,明确提出了一个问题,这就是包括中国在内的东方社会,为什么上层政治经常发生更迭,但整个社会并没有发生根本性的变化;学界关注较多的是国家上层建筑的变化和更迭,而基层社会却被忽视,事实上恰恰是基层社会的不动,造成了上层建筑变动的复杂结果。为此,我提出了要将政治体系一分为二:一是上层国家权力;二是基础性政治社会,并提出加强基础性政治社会的研究。《非均衡的中国政治:城市与乡村比较》一书的出版便体现了这一努力。只是当时这本书的发行有限,未能产生太大影响,但它从根本上转换了我的研究视角,也就是从这里开始,我自己的研究重心和视角转向基层,特别是为政治学界所冷落和忽略的农村田野。

自那以后,我便将田野与政治密切联系起来。我认为,中国政治存在于中国的社会土壤上,而中国社会主要是农村社会,从农村着眼可以更深刻理解中国政治的社会基础,理解中国政治为什么是这样而不是那样。直到现在,我仍然认为,中国历史上长期存在的专制政治,其深刻的社会基础是小农社会,是作为政治客体的农民。中国政治上层建筑不断更迭,但政治形态没有质的改变,从根本上说是最广大的社会民众不是政治活动的主体,不能通过有序的政治参与改变政治土壤,由此使得皇权政治长期延续下来。中国的政治形态要从根本上得到改善,不仅仅在于少数精英的先知先觉,更在于广大民众通过政治实践获得政治自觉和自主。当广大人民不能作为政治主体自主、自立和自治时,政治文明的进程就会永远在路上!

政治学人:"政治学人"团队中不少成员都有幸聆听过您的学术报告,在我们的印象里您不仅关注经验,对理论经典也有非常深刻的把握。您认为政治学研究中经典著作扮演着怎样的角色?

徐勇:经典与经验同等重要。经验提供现场感,经验提出问题,经验激活思维。经典引领方向,经典给人启示,经典提供阶梯。这两者是相辅相成的,没有经验的经典容易锁定思维,没有经典的经验只是一堆碎片。

首先，经典引领方向。我在从事农村研究之前，受过系统的马克思主义理论训练，马克思主义经典著作是必读之书。这种经典的训练对于后来从事农村研究大有好处。首先是经典引领方向，将经验研究引向深入。如我在1992年出版的《非均衡的中国政治：城市与乡村比较》一书中开门见山地表示，该书所要探讨的是马克思的命题：东方社会为何上层多动，下层不动？我不是仅仅研究基层和农村问题，而是基层和农村问题关系到国家政治。

其次，经典给人启示。自20世纪90年代起，大量外国经典著作被引进国内。从经验研究而言，我是最早从事农村村民自治的学者之一。自20世纪90年代末以来，村民自治成为热点，但也出现了低水平重复的问题。而此时，经典派上用场。我开始运用现代国家理论研究村民自治，将村民自治置于现代国家建设的高度加以认识，并指出：现代国家的重要特征是国民国家，每个公民享有参与政治的民主权利，村民自治便是具体实践。由此便将村民自治与传统乡村自治区分开来。

最后，经典提供阶梯。自20世纪90年代末以来，"三农"问题成为学界热点问题，一直持续到当下。我在这种喧嚣的热闹中多次冷静地指出，"三农"研究热不是因为三农研究水平有多高，而是这一问题是社会热点，比较容易出成果。正因为如此，"三农"研究的门槛低，议论多，真知灼见少。与"三农"成为问题一样，"三农"研究也成了问题。为了超越低水平重复，2010年前后，我们开始一方面着手深度调查，另一方面从本体论的高度认识中国农村的根本性和本源性问题。经典提供了台阶。如马克思在论述东方社会时，将"村社制"视之为理解印度和俄国的一把钥匙。那么，理解中国的钥匙是什么呢？马克思当年敏锐地意识到，中国虽然同样是东方社会，但与俄国和印度有所不同，但他没有指出这里的不同是什么。我们在马克思认识的基础上，根据我们的调查，提出了"家户制"的概念，认为"家户制"是中国农村社会之根，是理解中国社会的一把钥匙。

通过经典，我们在经验调查时，才会有一双发现问题的慧眼；通过经典，我们处理调查材料时，才有有效的分析工具；通过经典，我们面对调查材料时，才能将其整合为理论。

政治学人： 作为学界前辈，我们很想知道您在学术研究中是否遭遇过挑战和困难，您又是怎样克服的？能给我们分享一个具体的小故事吗？

徐勇： 做研究，尤其做田野调查，一定会吃苦，甚至有危险，这是司空见惯的，关键是要有兴趣。有兴趣，就不会觉得苦，就是苦，也能够忍受。

做学术研究本是个人兴趣爱好，我的个性也适合这种个体性的研究。但要将一件事情做大做强，个人的力量是有限的，需要更多的人共同来做。而对于有着数千年个体家户传统的国家来说，不同的人长期共同做一件事，非常艰难。中国出了部电影《中国合伙人》便是如此。

在2000年前，我们做田野调查和研究属于志同道合，是"无编制、无经验、无房子"的自由人联合体。2000年，我们获批了教育部重点研究基地，"三无"变成"三有"，条件改善了，新的问题也出现了。一是志同道不一定合。研究"三农"问题是共同的志向，但研究"三农"问题的道路有所不同。毕竟人多了，每个人的想法都不一样。二是利益不平衡。"三有"之后，谁先有，谁后有；谁有多，谁有少；谁有什么，谁没有什么，便成为一道难题。我作为基地负责人，必须面对这样的难题。我本是一书生，处理这样的难题缺乏经验。但有两条：一是充分尊重个人选择，只有志同道合，基地平台才能延续；二是形成核心价值、核心团队、核心带头人、核心竞争力，将基地平台不断地做大做强。十多年来，基地不断有人出，也不断有人进，但一步一步在壮大、在发展，直到前两年，基地在全国评估中获得总排名第一的佳绩。有些出去的人找到了适合自己的位置，也做得不错。

我的体会是做学问，一个人做易，一群人做难。现在我们正在做一项号称"学术三峡工程"的全国和全球大调查，每年参与的达上千人。要将这么多人凝聚起来共同做一件事，非常困难，尤其担心安全问题。好在现在主持工作的是年富力强的负责人，有能力将这样一项大工程推进下去。

政治学人： 华中师范大学政治学科的人才培养出众，在"政治学人"曾经统计过的全国百篇优秀博士论文名单中，您不仅自己曾获得这一荣誉，并且您指导的学生也最多次入选，是名副其实的"金牌论文指导教师"，我们很想知道您在学生培养方面有哪些"金钥匙"？

徐勇： "两方"：方向和方法。

在中国，师承非常重要，而师承更重要的是道。首要之道，就是尊重学生的自主性。对于真正做学问的人来说，有自己的想法和兴趣，这是学生发展的动力。我的硕士和博士导师都是李会滨教授，李老师从事科学社会主义专业的研究，主要来源是文献。我后来从事农村和政治学研究，从文献到田野调查，在相当程度上与导师的领域和方法不相一致，但李老师非常包容，充分尊重我的意愿和兴趣。如果没有李老师的包容，我不可能在学问上有太大发展，我的博士学位论文也不可能获得全国首届优秀博士学位论文。而李老师充分尊重学生自主性这一点，也成为我的治学之道。

当然，对许多学生而言，开始不一定能明确自己的努力方向，也找不到合适的方法，这就需要老师加以点拨。我是在20年前开始指导博士生的，于建嵘是我最早指导的博士生之一。他是湖南人，是天生的"政治动物"，有很强的问题意识。当时，他到我这里希望能够获得解决农村、农民问题的答案，我没有给他提供答案，而是让他重新走70年前毛泽东写《湖南农民运动考察报告》时走过的路，看看发生了什么。他经过数月调查，向我报告：湖南农民又在"运动"了，即有组织性地抵抗过重的税费负担。我仍然没有给他提供现成的答案，而是让他驻村调查，深度了解为什么会发生"运动"。他根据我的指导，在湖南最早建立农会的地方住下来，进行村庄调查，后来写出博士论文并在此基础上形成影响广泛的《岳村政治》一书，该博士论文曾获得全国优秀博士学位论文提名奖。现场指导是以田野调查为主要方法的指导老师的重要方法。自己若不去田野，不进入现场，就很难理解学生的工作，并给予合适的指导。为指导于建嵘的博士论文，我曾经数次去他调查的现场。

政治学人： 您曾写过一篇文章叫作《只有理解农民，才能真正理解中国》，您已经在中国农村问题的研究中倾注了大量心血。如今中国城市正在快速发展，城市化水平不断提升，为什么还要如此重视对农民和农村的研究？

徐勇： 农村和农民是中国文明的根基，只有理解农村和农民，才能深刻理解中国。20世纪，学界对农村和农民问题做了许多调查和研究，但大量基本问题缺乏研究，导致后来农村和农民政策屡屡失误；在改革开放以后，政策也出现反复。如今，我们有了心平气和的环境，可以对中国的一些基本问题做一些深度研究，更好地了解过去。同时，中国的城镇化正在对传统中国"连根拔起"，中国需要加强对自己的根基的研究，才能在变化中不至于重复昨天的失误。更重要的是，农村和农民是中国历史的重要组成部分，也是中国人的历史基因，这种基因不会因为人进了城便很快消失。基因的优势和缺陷都会继续发生作用，影响中国的文明进程。我在《历史延续性视角下的中国道路》一文中就传统基因对未来社会的造型方面做了分析。

当然，随着传统农村和农民的消失，特别是随着农民的减少，农村和农民作为一个学术问题可能会消失，如乡村治理可能会转化为地方治理。但将具体的社会关系中的人作为对象的研究不会消失。政治学永远是一门政治人学，只是政治人是农民还是市民的身份不同而已。

政治学人：政治学的研究确实离不开作为研究主体的"人"，也离不开作为研究客体的"人"。此外，我们也非常想知道，目前您和您的研究团队在主要推动哪些研究工作？

徐勇：我们现在的工作主要是两个方面。

第一，大调查，抢救历史，掌握第一手资料。

大国崛起都有大型调查相随。18世纪调查看英国，19世纪调查看俄国，20世纪调查看日本。过往学界有一句流行的话，"中国农村在中国，中国农村调查在日本"。日本人当年在中国做的调查，其精细程度连毛泽东也很惊叹。其中，最有名的日本满铁调查的提纲线索便来自毛泽东关于中国人受四种权力束缚的观点。只是由于战争等原因，中国人未来得及对中国进行持续不断的大型深度调查。我们现在正在进行的大型调查，就其范围和内容看已大大超越日本。同时，随着中国走向世界，我们的调查也已走向世界，我们的目标就是成为世界顶级的农村调查机构。21世纪的调查要看中国，也要看我们中农院。作为教育部重点基地，作为学校独立建制单位，我们实行举院体制，有条件也有能力将这一大型调查工程持续进行下去。这项工程也将成为人文社会科学领域的"大国重器"。可以自豪地讲，现在世界没有哪一个国家的大型农村调查有我们这样的规模和持续性，更没有像我们掌握浩繁的第一手资料。对于实证科学来讲，没有第一手资料，是很难做出第一流学问的。

第二，大开发，提炼理论，做出第一流学问。

有了第一手资料，也不一定能做出第一流学问。过往中国学界还流行一句话，"中国农村在中国，中国农村研究在美国"。美国学者利用日本满铁调查的资料，运用理论框架加以分析，形成独创性概念，产生广泛影响，如杜赞奇、黄宗智等。中国的学者和学生通过美国学者的著作研究中国农村，缺乏独创性，如"内卷化""依法抗争"的滥用。为了改变这一被动局面，我们启动了日本满铁调查、俄国调查、英国调查文献的翻译，以取得与原有理论对话的资格。同时，加强理论和分析方法训练，对第一手资料进行深度开发，从中提炼出自己的独创性理论，如我们提出的"祖赋人权"理论，打破视"天赋人权"为唯一原则的限定。

随着大调查的推进，对大调查进行大开发将成为我们的重点，相信更多独创性理论会被生产出来。

政治学人： 政治学是一门情怀与视野并重的学科。最后，我们想请您为"政治学人"赠予一份嘱托与祝福，以传达给当前致力于政治学研究的教师和同学们。您认为新时代需要怎样的政治学研究？对于后辈学者而言应该向着哪些方向进一步努力？

徐勇： "政治学人"是一个能产生很大影响力的平台，通过这一平台，学者和学生可以授受信息，了解政治学动态，启发思考。政治学正在经历一个由大到强的转变，能否顺利实现转变，关键在于青年政治学人坚持不懈的努力。青年政治学人受到系统的政治学训练，有良好的学科基础。但一利必有一弊。过于专业化、规范化，很容易将自己的思维锁定在既定的框架内，将既有的学说视为唯一结论。从这个意义上讲，有的人很年轻，但思维已老了；有的人已老了，但思维还年轻。无论什么人都需要解放思想，从一切教条的束缚中解放出来，释放想象力。想象不是乱想，更要通过扎实的论据加以证明。政治学既是理论学科，又是经验学科。没有足够的历史经验，容易流于空谈；没有足够的理论概括力，只是一堆毫无关联的事实经验。

我们正在经历一个为学术研究提供前所未有的经验事实的伟大时代，这一伟大时代理应产生伟大的成果，希望在年轻一代！

Abstracts

Model Construction of Interest Political Analysis

Wang Puqu

Abstract: Politics is an important aspect of human life. Because of the complexity of political phenomena and the differences in people's standpoints, viewpoints and methods of observing and analyzing politics, people have very different views on the meaning of politics. Based on historical materialism, this paper analyzes various political views, and holds that politics is essentially a phenomenon of interest, and interest is the need to obtain social content and characteristics on the basis of certain production and social relations. There is an inherent duality of interests, and this dualistic contradictory movement forms an interest relationship. On the basis of analyzing the interest relationship, the researcher tries to construct an interest political analysis model based on the logic of Marxist theory, and then analyzes the foundation, motivation and function of the formation of political power and political rights, explains the different modes of state and government governance, and clarifies the law of social development.

Key Words: Political View; Interests; Interest Relationship; Common Interests; Conflicts of Interests

Between the Palace and the Field:
Constructing Field Politics with Chinese Characteristics

Xu Yong; Qi Chengcheng

Abstract: Field politics is a kind of political research path that originated in China. Field politics takes field politics as its research object, takes field investigation as its research foundation, pays attention to constructing original political theory in the interaction between theoretical hall and field investigation, and forms the school consciousness of field politics on this basis. In the process of constructing field politics with Chinese characteristics, we pay attention to "defining Chinese politics with Chinese facts", construct a series of original concepts, propositions and theories to explain the history and reality of Chinese politics, and try to have a dialogue with western political theories. Field efforts in constructing localized political theory have greatly promoted the subjectivity, academic rationality and originality of Chinese political research. After several generations' efforts, the Field Politics School has taken shape and developed and matured, which has injected new kinetic energy into the study of contemporary Chinese politics. As a theoretical exploration, field politics still has a great room for development.

Key Words: Field Investigation; Field School; Field Politics

Historical Political Science and the Construction of Chinese Independent Political Knowledge System

Yang Guangbin; Zhang Shu

Abstract: As a new research path of political science, historical political science is committed to building a political interpretation framework and discourse system with Chinese autonomy. Historical political science based on Chinese political history is not only the epistemology and methodology of observing problems, but also has ontological significance. In historical political science, contemporary China politics is not only the natural continuation of Chinese civilization matrix, but also the continuous and unified political development process of New China for 70 years. Historical political science should not only answer the historical origins and tracks of major realistic political and theoretical problems, but also describe history and discover concepts on the basis of explanation and causal analysis, and attach importance to timeliness and historical sequence in the research path. The knowledge function of political science has the value of political practice, providing historical explanation and realistic exposition for governing the country, and providing a diachronic scheme for understanding legitimate politics, which is different from the hypothesis of rational man. The vitality and legitimacy of Chinese political development path and political system not only come from its historical civilization genes, but also have institutional innovations suitable for national conditions and realistic conditions. The institutional capacity, representativeness and negotiation embodied in the political development of contemporary China constitute the superiority and competitive advantage of Chinese political system. The new expressions of state theory, governance theory, political party theory and cadre system constitute the basic skeleton of Chinese political science, which lays a solid foundation for the establishment of the knowledge system and discipline system of Chinese political science, and more importantly, provides a new historical view for observing Chinese politics. Historical political science provides an operable research path for the construction of world politics. Different from the international politics focusing on the present situation structure, world politics is a kind of research with both process structure and present situation structure, which inquires into the domestic institutional changes induced by political thoughts and the major-country relationship and the world order shaped by them. As a new source of knowledge growth, historical political science promotes the paradigm renewal and transformation of contemporary political science in China, thus injecting a strong impetus into the establishment of knowledge subjectivity of political science in China and social science in China.

Key Words: Historical Political Science; Chinese Political Science; Research Path

Theories and Methodologies of International and Area Studies

Zhao Kejin

Abstract: International and area studies is a new interdisciplinary subject whose development benefits from the common nurture of many subjects such as world history, political science, economics, sociology, foreign language and literature. Despite the rapid pace of development, international and area studies has initially formed three basic academic paradigms of civilizationalism, nationalism and globalism, formed numerous theoretical and methodological paths in the humanities and social sciences, and constructed a basis for developing international and area studies. So far, humanities or social sciences researches in international and area studies have always been subject to the Western hegemonic system and knowledge pedigree, which lack China's academic autonomy. It is crucial to build an independent knowledge system of international and area studies and establish China's independent social science theories and methodologies of international and area studies. In the new era, international and area studies in China must adhere to the correct academic orientation and fully absorb various disciplines' theories, methodologies and wisdom. In this way, we will comprehensively promote international and area studies and devote ourselves to realizing the grand dream of building a knowledge system with Chinese characteristics of international and area studies.

Key Words: International and Area Studies; Theoretical Paradigm; Discipline; Methodology

Theory and Method of Political Culturology

Tong Dezhi

Abstract: Political culture is not only a theory but also a method, and is an important branch of comparative political science. Research on political culture has been long-standing, and systematically studied and elaborated since the rise of behaviourism in the United States after the Second World War. After the study of political culture was introduced to China, it has been gradually localized, and has played an important role in political analysis in various aspects such as traditional Chinese political culture, Western political culture and comparative political culture. Political culture consists of four elements: political cognition, political attitudes, political values and ideology, which interact with each other to form the inner structure of political culture. At the same time, political culture also interacts with political elements such as public policy, political institutions and political behaviour, forming the external structure of political culture. In the development of political culture, a series of analytical paradigms that combine both theory and method have been developed. These mainly include the model of system represented by Gabriel Almond, model of legitimacy represented by Max Weber, the model of civilization represented by Samuel Huntington and the model of value represented by Ronald Inglehart, which are representatives of the analytical paradigm of political culture. The study of political culture show great significance and value in China, and is typical of the "New Five Theories" of Chinese political science, which deserves great attention and promotion.

Key Words: Political Culture; Political Culturology; Theory; Method